湛庐 CHEERS

与最聪明的人共同进化

HERE COMES EVERYBODY

做对产品
THE RIGHT IT

天津出版传媒集团
天津科学技术出版社

○ [意大利] 阿尔贝托·索维亚 著 ○ ALBERTO SAVOIA ○ 徐毅 译

上架指导：商业／产品思维

THE RIGHT IT: Why So Many Ideas Fail and How to Make Sure Yours Succeed.
Copyright © 2019 by Alberto Savoia.
Published by arrangement with HarperOne, an imprint of HarperCollins Publishers.
All rights reserved.

本书简体中文版由 HarperCollins Publishers 授权在中华人民共和国境内独家出版发行。未经出版者书面许可，不得以任何方式抄袭、复制或节录本书中的任何部分。

天津市版权登记号：图字 02-2020-161 号

图书在版编目（CIP）数据

做对产品 /（意）阿尔贝托·索维亚著；徐毅译. -- 天津：天津科学技术出版社，2021.9
书名原文：THE RIGHT IT: Why So Many Ideas Fail and How to Make Sure Yours Succeed
ISBN 978-7-5576-9603-0

Ⅰ.①做… Ⅱ.①阿…②徐… Ⅲ.①企业管理—产品管理 Ⅳ.① F273.2

中国版本图书馆 CIP 数据核字（2021）第 160101 号

做对产品
ZUODUI CHANPIN
责任编辑：李　彬
责任印制：兰　毅

出　　版：	天津出版传媒集团
	天津科学技术出版社
地　　址：	天津市西康路 35 号
邮　　编：	300051
电　　话：	（022）23332674（编辑部）
网　　址：	www.tjkjcbs.com.cn
发　　行：	新华书店经销
印　　刷：	天津中印联印务有限公司

开本 880×1230　1/32　印张 10.75　字数 220 000
2021 年 9 月第 1 版第 1 次印刷
定价：89.90 元

版权所有，侵权必究
本书法律顾问　北京市盈科律师事务所　崔爽律师
　　　　　　　　　　　　　　　　　　张雅琴律师

想知道你的
产品思维等级吗?
扫码测一测,
立即获取答案及解析。

1. 在新产品面世方面,猜猜看它们成功的概率一般是多少?

   A. 10%　　B. 20%　　C. 30%

2. 一家公司准备推出一款针对女性市场的窄瓶装清淡型风味啤酒 LadyLike。高管们很喜欢这个创意,并同意先小批量生产,再进行口味微调。该公司连续做了 3 轮内部测试,结果都证明这款产品非常受到女性用户的欢迎。那么请你来预测一下,这款产品上市后有没有获得成功?

   A. 成功　　B. 不成功　　C. 不好说

3. 你觉得想要保证一个产品在市场上大获成功,需要如何做?

   A. 满足市场需要的绝妙的点子,同时想尽办法去实现它

   B. 创意要符合市场需求,同时按序做对所有关键步骤

   C. 许多关键步骤都需要做对,但是不一定必须依序做对

4. 很多公司在推出新产品的时候都非常注重市场调查。那么如果想要你的产品得到大众的认可，以下哪种做法更可取？

　　A. 相信数据胜过意见，尤其是要学会利用你自己收集到的数据

　　B. 做大量市场调查，并依赖于咨询公司给出的建议

　　C. 对竞争对手进行详细研究，再靠经验做出决策

5. 所有人都想快速、低成本地检验自己的产品是不是可以获得成功，那么以下哪种做法最有效？

　　A. 大范围发布问卷调查，越多越好

　　B. 在精准的用户群中征求意见，并汇总观点

　　C. 在精准的用户群中投放产品的预售链接

It waits. Patient.
Confident that it will soon get its prey—it always does.
Few escape its bite, none its tentacles.
One way or another, the Beast of Failure gets us all.

To the Beast of Failure.
You taught me a few lessons, now it's my turn.

它在等待，耐心点。
相信它很快就能将猎物捕获，一贯如此。
谁都无法摆脱它的影响，只有极少数人能幸免于难。
无论如何，失败之兽都终将把我们逐个捕获。

致失败之兽：
你教会我不少经验教训，现在换我来驯服你了。

THE
RIGHT IT

前言

战胜失败之兽，
我的执着与使命

现在是凌晨3点，但我却无心入睡，因为再过6个小时，我就要参加我与他人联合创办的公司的最后一次董事会会议了。经过了5年的辛苦奋斗和多次努力尝试重整业绩，我们最终别无选择，只能接受以"地板价"出售我们屡获殊荣的技术和资产。我们的那几十位员工，以及那些给予我和我的愿景以信任的人们都将失业。还有3位世界级的风险投资人，他们不仅向我们投资了2 500

> **创意的关键思考**
> THE RIGHT IT
>
> **失败之兽**：一种虚构的无情且永不知足的"生物"，它会吞噬大多数的新产品创意，"撕咬"不经验证就去追求那些创意的人们。

万美元,还投入了他们的时间、关系和建议,他们必将与我、我的联合创始人和我们的高管团队怒目而视。我被"失败之兽"咬伤,那种疼痛让人好似身处地狱。

最令人伤心的是,我甚至不明白我们到底哪里做错了。失败可不只会降临在那些经验、能力和准备都不足的人身上。在那之前,我可是有着完美的创业与经营纪录的。太阳微系统公司和谷歌是两家从行业新星成长为行业巨头的优秀公司,我是它们的早期员工,在职业生涯中表现得也很出色。我还作为联合创始人创办了一家公司,在18个月内,成功将300万美元的风险投资变成了1亿美元的收购金。我的纪录是完美的三战全胜,而且我很确信获得第四场胜利只是时间问题。**套路很简单:识别出解决某个大问题的新产品或服务的创意、组建一个强大的团队、拿到风险投资、构建创意、将其推向市场,接着就是上市或者最差情况就是被收购变现,并拿到一大笔钱。**

这些我们都做到了。我们的产品创意雄心勃勃,想要用一种极具创新性的方式解决一个重大的软件工程问题。我们所有的市场调研都证实了企业需要、想要也愿意为开发人员购买我们的产品。我们聚合了一批出色的人才,并组建了团队,大家一起全力共同奋斗了5年。我们有一个很好的商业计划,还有来自世界顶级风险投资人的大量资金支持,然后我们也确实按计划执行了。

前言
战胜失败之兽，我的执着与使命

所以，为什么会失败呢？我们到底做错了什么？

这些问题让我辗转反侧，于是，我走下了床，看着窗外发呆，想起其他已陷入、曾陷入过或即将陷入类似困境的人们。

就在此时此刻，我相信全世界有数以百万计的人们都正在努力将新创意变成现实，这些创意一旦落地就将会获得成功。这些创意里有一部分将创造令人惊叹的成就，对我们的世界和文明产生重大影响，成为下一个谷歌、脊髓灰质炎疫苗、"哈利·波特"系列、福特野马汽车。其他的影响力则相对较小、较个人化一些，但其成功的意义丝毫不减，比如创办了一家邻里最爱的餐馆、虽未登上畅销书榜单但也讲述了精彩故事的一部传记，以及收容被遗弃宠物的一个本地非营利性组织。

同样在这一刻，还有其他很多人同样致力于开发一些新创意，而它们一旦落地就会失败。其中有一些失败极其壮烈且广为人知，比如新可乐（New Coke）、电影《异星战场》（*John Carter*）以及福特埃德塞尔（Edsel）车型。其他的一些失败则相对更小一些且不广为人知，但它们带来的痛楚一点儿也不少，比如没有取得成功的创业项目、出版社和儿童都不感兴趣的儿童读物、少有人关注的慈善项目。

如果你正在开发一个新创意，不管是一个人单干，还是跟团队一起，你属于前文所述的哪一种情形？或者，此刻你还只是在考虑要不要投资某个新创意，你又属于前文所述的哪一组人呢？

大多数人认为，他们要么现在就是第一组人，要么以后会是第一组人，即创意将会获得成功的那一组人，他们所要做的就是努力工作并将计划执行到位。然而，我们知道事实并非如此。大多数新产品、服务、企业和倡议走向市场后很快就会遭遇失败，不管它们听起来多么有前途、开发人员的投入多么巨大，或是他们执行得多么到位，它们最终都会遭遇失败。

这是一个令人难以接受的事实。我们通常会认为有些人之所以失败是因为他们不知道自己在做什么，他们都是缺乏相关行业从业经验的失败者。不知何故，我们总会认为这种情况不适用于自己的创意，尤其是当我们曾经体验过胜利的情况下，我们会想："我是胜利者。我过去成功过，我将再次成功，看我的吧！"

我以前的想法就是如此。我认为自己完全有资格沾沾自喜，因为我已经取得了一系列的成功，却只经历了几次无关痛痒的挫折。因此，失败与我无缘，它只会降临在其他人身上。

前言
战胜失败之兽，我的执着与使命

紧接着，就在我的自信和傲慢达到新高度的同时，失败之兽用它的触须紧紧地缠住了我，并在我的身上狠狠地"咬"了一口，精准到位且令人难以忘怀。当时，我可以选择舔舐伤口，也可以选择回咬一口，最终，我决定回咬它。

失败，成了我的宿敌。击败它，成了我的追求。教别人如何击败它，成了我的使命。

本书正是实现该使命的一部分。

THE
RIGHT IT

引言

确保你在构建"正确的它",再将它构建正确

我是一个务实的人,所以这本书也很务实。我认为,适当地组合应用事实、工具和战术是应对挑战、达成目标以及解决问题的最佳方式,本书也正是以这样的方式讲述的。

如何从失败走向成功

还记得孩童时期的关于"我是怎么来的"这一问题的讨论吗?本书1~3章就是我的订制版讨论。只不过我并不是要解释婴儿是怎么出生的以及生活的其他真相,而是用比喻手法来解释新产品创意是如何孵化出来的,以及它们将面临什么样的命运。

让我们先来鼓起勇气看看第 1 章将要提及的市场失败律。这可不是什么动人的场景,大多数新想法所面临的各种挑战或许会让你想起描述大自然的纪录片中难忘的场景,比如数百只刚刚孵化的海龟争先恐后地从海滩爬向海洋,途中它们就像是自助餐桌上的迷你派一般,被各种天敌逐个捕食。最终,只有少数幸运的小海龟能够顺利入海,能够顺利长大成年的小海龟就更少了。大自然是非常残酷的,市场也同样如此,在我们可以不断地战胜失败之前,我们需要研究并理解它。

在第 2 章中,你将了解到我们战胜市场失败律的唯一机会,即找到"正确的它"(The Right It)那样的创意。我会介绍"正确的它"以及它的孪生兄弟"错误的它"——一个注定会在市场上失败的创意,并解释为什么我们最后往往会投资那些"错误的它"的创意。另外,你还会了解到为什么我对大多数个人观点都不太看好。

第 3 章主要阐述的是我对数据的重视,尤其是市场数据,但你也会发现,我并非对所有数据都一视同仁,事实上,我对自己的数据是非常挑剔的。这一章的目标是让你跟我一样爱上数据,或者至少开始欣赏数据之美,并像我一样"挑剔"数据。

你或许已经听说过"想要做好这份工作,你需要正确的工具"和"你有多好取决于你的工具如何"这样的说法。如果我们有很多工作要做,却没有正确的工具,那么我们根本就没有机会成功。这部分要谈及的利器就是我们的工具箱。在这部分中，我会介绍一套强有力的工具给你，为你在对抗失败的战斗中提供绝对的优势。

大多数失败的根本原因都可以归咎于混乱、模糊和未经审慎的思考。除非我们能够清晰且彻底地阐明我们的新产品创意，否则我们取得市场成功的概率将不会有所提高。在第4章，你将学习到一套极其简单却非常有效的工具组合，充分利用这些工具，你模糊的思维将变得像刀锋一般锐利。

在第5章，我会介绍"预型"（pretype）的概念，并指出预型与"原型"（prototype）的区别，还将解释为什么一个音节之差会对我们追寻"正确的它"的过程产生这么大的影响。接着我会跟你分享一个强大的预型技术组合，同时还会介绍很多使用预型来检验市场如何响应你的新产品创意的例子。

预型试验会为我们提供大量全新的第一手市场数据，但有了表现优异的数据还不够。要想做出正确的决策，我们还必须对数据进行严格且客观的分析和诠释。在第6章，你将获得对数据进行分析和诠释的工具。

在本书最后一部分，我将分享我是如何把新习得的知识和工具付诸实践的，以及关于这一过程最佳方式的思考。在

第 7 章，你将学到 4 个强效战术，这些战术可以帮助你用最有效率的方式组织和执行市场验证测试。在第 8 章，我会带你体验一个真实的创意落地的全过程，看一看我们将所学工具和战术应用于新业务创意时会发生什么。

《做对产品》这本书的前 8 章都是事实导向和追求实效的，主要在讲基础内容和操作方法，而到了结语部分，内容则更加抽象且富有哲学意味。你将要学到的工具和战术能够赋予你新的力量以及在面对失败之兽时的显著优势。那么，你如何利用这些新获得的力量和优势？如果你知道成功会更加眷顾你，你会选择什么类型的新产品、新服务或新业务呢？我会鼓励你往大处、高处想。

大传说和小故事

我在本书中引用了很多发生在现实世界中的故事。我是基于故事诠释某个要点、技术或道德的优劣程度来挑选的，但在你阅读时，请牢记它们只不过是故事而已。而且，所有故事都一样，人们看待其中事物的方式不同，对事物的记忆不同，得出的结论也就不同。除此之外，这些故事大多都足够复杂，也蕴含着很多经验教训，其中的每一个都值得为之写一本书，但在本书中，我通常只用一两段话来总结它们。

例如，你会看到在美国曾经非常有名的网上杂货零售商

Webvan 公司的故事，它的愿景是成为一家经营将日用品配送到家业务的公司，然而，该公司在花费了近 10 亿美元的资金之后以失败告终。这个故事很复杂，有很多有意思的情节和教训，"参演人员"达到上千人，涵盖从风险投资人到 CEO 再到各种岗位的数百名员工，如经理、仓库工人、会计师、卡车司机等。他们每个人都参与其中，且深受其害，并以各自不同且互相矛盾的视角见证了该公司的失败。而 Webvan 投资人自己的故事不同于公司 CEO 的故事，也不同于公司卡车司机或会计师的故事。

正如在黑泽明的经典电影《罗生门》中，4 名目击者以 4 种互相矛盾的说法描述了同一个谋杀故事，同理，当某个新产品或某家新成立的公司失败时，有多少目击者就会有多少个故事——一千个人心中有一千个哈姆雷特。"罗生门效应"似乎无处不在，即使是我自己亲眼看见和亲身经历的那些故事和案例，也都受我自身的独特视角、偏见和不完美的记忆的影响而扭曲。

可能导致新产品或新企业失败的因素数量庞大、复杂，且难以量化，考虑到这一点，要达到 100% 的准确性和彻底性是不可能完成的任务。但我们仍然可以从中提取出非常有用的珍贵教训和经验法则。

我以效用最大化、具有一定的影响力和便于记忆为目标，

> **创意的关键思考**
> **THE RIGHT IT**
>
> **他人的数据（OPD）**：由其他人在其他时间、其他地点用其他方法出于其他目的所收集的市场数据。从技术上来讲，OPD 也是数据，但由于它不是你的数据，因此它跟意见一样危险和具有误导性。鉴于 OPD 对于评估创意来说既非充分条件也非必要条件，因此最好是干脆别浪费时间去收集它了。

挑选并总结了书中的这些案例。我拿出大量"我的最佳记忆"故事和案例研究，并将其转换为一种有利于读者记忆的形式。此外，即使我或许做到了完美地复述每个案例，我还是要告诫你把它当作是从其他人那里听来的，在特定的时间、环境下才成立的轶事证据，即我随后将要讲到的"他人的数据"（other people's data，OPD）。

所以，看完这些故事后，我建议你还是泰然处之吧！

不可错失的关键思考

本书中介绍的工具和战术适用于所有类型的创意：新产品或为现有产品增加新特性的创意、新服务或为现有服务增加新项目的创意，以及各种类型的新公司或新组织（营利性、非营利性、商业化、政治化或哲学化）的创意。大多数时候我还是直接用"产品"这个词或者"它"来代替关于某个新产品、服务、企业或组织的创意，比如在"正确的它"（The Right It）中的"它"（首字母大写的 It）。

引言
确保你在构建"正确的它",再将它构建正确

在本书语境中,"产品"和"它"所指的可能是一款新乐器或移动应用、一种具有创新的尿不湿配送服务、一家社交媒体创业公司、一款视频游戏、一只通过基因工程构造出来的抗过敏仓鼠、一门新的大学课程或学科、一家慈善组织等。

同样,在本书中"市场"一词也并不必然指代"出资人",而是任何你能够想到的会想要、使用、采纳你的创意或是会或多或少参与其中的人。如果你计划设计并推出一个新的高中课程,你的目标市场就是学生群体;如果你想颁布一部新律法来整治自行车超速现象,你的目标市场就是骑自行车的市民。

换句话说,《做对产品》这本书所涉工具和战术适用于涉及如下情形的任何市场上的任何业务:

- 一项非比寻常的投资。
- 失败率非常高。
- 想要避免失败的欲望。

这就涵盖了人类社会几乎所有的重大事项。

该表扬的就要表扬

我要事先声明：本书的目的不是要展示此前不为人知的故事和完全原创的创意。我与读者分享的一些工具和技术在好几个世纪之前就已存在，但它们并没有得到应有的知名度和关注度，也没有被命名。我把它们"挖"了出来，掸去灰尘，擦亮一点，然后拿出来展示给大家。因此，读者可以把我想象成一名创意的收藏家、馆长和导游！

过去几年来，我一直致力于发展、实践这些工具与技巧并将其传授给任何愿意倾听的人，相关的灵感、示例和场景基本都是我在此过程中所收集的原材料。感谢谷歌和斯坦福大学，让我得以有机会举办数百场讲座、研讨会和讲习班，并参与了大量实操性的教练课程，在这个过程中我跟学生、创业家甚至《财富》500强企业的CEO们一起并肩作战，将这些技术应用于真实项目。这些人和组织不只是将这些创意付诸实践，还提出了新的工具和优化改进的建议，同时，他们还给我提供了来自许多不同行业的相关故事。因此，无论你计划跟进哪种产品或服务，你都能在这里获得一些启发。

我会实践我所教的东西

很多人肯定会问："对于你教的东西，你会实践吗？"当然！我会亲身实践，不是因为如果不实践会有纸上谈兵之嫌，而是因为我教的东西很管用,一直以来,我和我的学生以及客户们使用我所教的方法都取得了非常好的效果。事实上,你会发现,你在本书中学到的工具和技术无法生效是因为它们是以已证实的事实与简单的逻辑为基础的。掌握它们,并把它们付诸实践,然后你就能扭转局面,让市场成功率向你倾斜,从而避免失败。

本书是我会实践我所教的东西的一个很好的范例。写书是一件需要大量投入的事,而我也很清楚有很多作者始终没能为自己的作品找到出版商或关键读者。换句话说,大多数书籍在市场上都没有获得读者的喜爱与认可。

因此,在决定投入一年甚至更长时间来写一本书并承担书没人看或没人觉得有用的风险之前,我先做了个试验。我花 5 天时间写了本小册子,并将其命名为 *Pretotype It: Make Sure You Are Building The Right It Before You Build It Right*(预型:确保你在构建"正确的它"之后再将它构建正确)。这个小册子介绍了"The Right It"这个概念,以及你在本书中看到的那些工具和技术的简化版。我打印并手工装订了几十册,分发给了我的同事和朋友们。

几天后,我开始收到索取更多本小册子的请求。"嘿,阿尔贝托,我很喜欢这本书。你可以再给我十几本吗?我想跟我的团队分享这本书,我愿意为此付钱。"

很快，人们对这本小册子的需求已经超出了我的手工制作能力。于是，我找到一家印刷厂进行了批量印制，接着是第 2 批、第 3 批……最终，我厌倦了前往印刷厂的奔波旅途，搬运沉重的箱子也实在是太累了，于是我决定把小册子的电子文档放到网上供大家免费下载，这样一来，谁想要它自己打印就行了。我还根据要求做了一份 Kindle 版，放在亚马逊公司网站上以 0.99 美元的价格出售，这是该网站允许设定的商品的最低价格。

又过了几天，我开始收到陌生人发来的电子邮件，说他们非常喜欢这本小册子并对我表示感谢。很多人都鼓励我写一本讲述更多技术和案例的真正的书。我也开始收到各大公司和高校让我去发表演讲、举办工作坊的邀请，以宣讲"正确的它"和预型。一些来自世界不同地区的人们自愿把这本小册子翻译成了他们本国的语言，我给予了他们所有的许可，只有一个条件——他们翻译后的电子文档也必须免费提供。多亏了他们的努力，这本小册子如今已经有十几种语言的译本了。

小册子的第一版是在 2011 年发布的。从那时起，原版电子文档和电子书及其翻译版本就被拷贝和张贴在了很多网站上，所以我也无从得知到底有多少人下载和阅读了它，但我相信应该是数以万计。而实际上我从来没有做过任何营销或宣传，所有这些成果的取得完全是靠口口相传。

引言
确保你在构建"正确的它",再将它构建正确

不管是人生还是生意场,包括书籍生意,都没有什么必然的保障。但人们一直以来对我这个具有试验性质的小册子的强烈关注,以及人们应用书中提及的经验和技术走向成功的众多故事说服了我投入时间和经历来写一本集大成之作,也就是你正在阅读的这本书。

要胆大,也要谨慎

在参考我在本书中所描述的案例或应用我介绍的工具时,请务必谨慎判断,并遵照相关法律规定和行业标准。每个组织都不同,而本书中所囊括的建议和战术可能并不适用于你的情况或产品创意。如果你想应用书中的观点,你就要为你的行为承担全部责任。

THE
RIGHT IT
目录

第一部分　硬事实，任何新创意都有 90% 的失败率

01　市场失败律：失败是最可能的结果

不准失败——不　　　　　　　　　　　　　/007
市场失败律：失败是任何新产品最可能的结果　/008
市场失败与市场成功　　　　　　　　　　　/010
市场的真相：任何新创意都有 90% 的失败率　/012
正确的 A × 正确的 B × …… = 成功　　　　　/013
聪明反被聪明误？　　　　　　　　　　　　/015
与失败恐惧症相比，迎接与学习失败更重要　/019
命中注定的 FLOP　　　　　　　　　　　　/021

02 先确保你在构建"正确的它",再确保你能把它构建正确

"错误的它"是"正确的它"的邪恶双胞胎 /028
空想之地只能孵化失败的创意 /030
"噼里啪啦嘣"焦点组 /032
空想之地的四大失败之怪 /037
空想之地和假阳性 /044
空想之地和假阴性 /047
逃离空想之地 /051

03 数据胜过事实,尤其是你自己的数据

你不应该依赖他人的数据 /058
你必须获取你自己的数据 /062

第二部分 检验创意的三大利器

04 思考工具,学会使用三大假说来澄清创意

市场参与假说,有市场就有办法 /073
用数字说话 /078
XYZ假说,把含糊观点转化为可验证假说 /080
缩进假说,从Y到y /088

05 预型工具，让你快速检验创意的成功率

IBM 的语音转文本案例 /097
预型，低成本假装拥有一个原型 /101
寻找预型，提前发现我们构建的是"错误的它" /105
土耳其机器人预型，让你免去一场极可能的失败 /107
匹诺曹预型，假装不是欺骗自己 /116
假门预型，看看谁会敲响你的"正门" /127
假面预型，你必须回应敲门者的需求 /143
YouTube 预型，大额投资前先进行一点测试 /148
一夜情预型，从一个尝试开始 /159
潜入者预型，偷偷将你的产品带入现有的销售环境 /164
改标签预型，一个标签让你快速试验 /169
预型的变化与组合 /175
是什么让预型成为预型 /179

06 分析工具，真正从数据到把"它"构建正确

切身利益卡尺，才是承诺与深思熟虑 /183
TRI 计量仪，让你不被失败盯上 /194

THE RIGHT IT
做对产品

第三部分 可塑性战术，计划需要不断调整

07 战术工具集，4 个战术让你学会挑选与使用预型

战术 1："全球化"策划，"本地化"测试　　/219

战术 2：现在测试胜过以后测试　　/225

战术 3：琢磨便宜、更便宜、最便宜　　/229

战术 4：先调整再翻转，再谈是否放弃　　/231

08 一个完整的示例：BusU，上大巴，学大咖

清晰地思考我们的创意，从 XYZ 到 xyz　　/248

选择测试时间与成本最优方案　　/255

不断分析与迭代　　/261

时来运转　　/265

结语　**失败是野兽，成功也会是**　　/277

致谢　　/305

THE RIGHT IT

第一部分

硬事实，任何新创意都有 90% 的失败率

THE RIGHT IT

部分导读

我喜欢事实,越真实越好,即使它们与我的欲求和偏好相悖。我喜欢它们是因为它们根植于实情,这个根基让我有了一个可以仰仗的坚实的基础。所以,我们应直面事实并接受事实,刚开始可能并不好受,但这种不适相对于忽略它们将会面临的种种困难和痛苦来说,实在算不上什么。

我们将要探索的所有硬事实都具有如下三个维度的"硬度":

- 它们都让人很难接受,至少一开始很难。

- 它们是基于确定的、客观的数据,而不是苍白的期望、摇摆的信仰或者易变的主张。

- 它们是可靠的、坚固的、永久的,不大可能会发生变化,至少在很长一段时间里都不大可能会变。

得益于客观性和永久性这两个特点,硬事实是普适的和不受时间影响的,因此你还是尽快习惯为好。

在本书第一部分,我将向你介绍有关失败和成功的关键硬事实。如果我讲得明白,你也思想开明、态度果敢,那么你会发现自己不仅跟我一样能够接受且尊重硬事实,还会跟我一样依赖、重视、追寻它们,因为,硬事实的确很值得追寻。

# 01

市场失败律：
失败是最可能的结果

The Law of Market Failure

任何新产品创意
都有 90% 的失败率。
要想收获成功,
必须保证所有关键要素
都能够被正确地完成。

——

01
市场失败律：失败是最可能的结果

不准失败——不

"不准失败！"我相信你在很多动作片、励志演讲中和一些"令人窒息"的员工大会上都有听到过这句话。这个愿景很棒，如此积极乐观、激动人心、让人信心满满，但却是大错特错的。

在促成新产品创意面世的过程中，失败总是不可避免的。事实上，任何人在任何时候尝试做点新的或不一样的事情时，失败都是最可能出现的结果，在艺术领域是如此，在科学、人际关系领域以及其他任何领域也都是如此。在商业世界里，失败非常普遍，初创企业多数会失败，老企业发布的新产品多数也会失败。

如果你是好莱坞动作电影中的英雄人物，或是在面对交通大堵塞而你只能"一条道走到黑"时，自我催眠说"不准失败"

或许管用。但如果你是在计划向市场推出新产品，不仅嘴上说着"不准失败"，同时深信不疑且基于此开展行动，那就是在跟现实作对，这样做向来都没有什么好下场。这4个字或许是一剂强心针，但效力却很短暂，稍有不慎还会因此直接掉入失败之兽的血盆大口。

所以，让我给你一个更务实的"配方"：

失败是最可能出现的结果。

请牢记，这样的硬事实才是你的朋友，即使它会颠覆你的第一印象。继续往下阅读，你会了解到，把失败视为任何新创意最可能面临的结果是一种更加有效的思考方式，因为它与市场现实相吻合，而认同这一硬事实将会引领你在市场中取得源源不断的成功。

关于失败的这第一个硬事实非常重要，值得引起我们的高度重视，我认为明智之举是将其视为一条铁律。

市场失败律：失败是任何新产品最可能的结果

我们在前文中将失败比作一头野兽，接下来我打算继续使用这种比喻，因为从心理学视角来看，这种比喻能唤起人们面对失败时的那种恐惧情绪。我们不能忽视这种心理效应，因为

01
市场失败律：失败是最可能的结果

它会影响我们如何思考和采取行动，但我也想以一种更客观、更具分析性的方式来呈现和应对失败。

当新产品投入市场时，失败是常态而非例外。失败是如此始终如一、持久和普遍存在的，值得我们把它视为定律，并给予它应得的尊重。市场失败律①的内容如下：

> **创意的关键思考**
> THE RIGHT IT
>
> **市场失败律：** 大多数新产品都将在市场上遭遇失败，即使所有的方案都被执行到位也不能避免。这一顽固的硬事实指出，大多数新产品创意都注定会失败，而有效地执行相关计划并不能避免失败的命运。

大多数新产品都将在市场上遭遇失败，即使所有的方案都被执行到位也不能避免。

我分两行来写这条定律，因为它是一套"组合拳"。

第一拳： 大多数新产品都将在市场上遭遇失败。

第二拳： 即使所有的方案都被执行到位也无法避免失败。

---

① 我知道从技术上来讲称之为定律有些不合适，因为它显然无法跟牛顿第一运动定律这样的定律相提并论。那么为什么我还要把它称为定律呢？因为我希望你能够关注、重视它，将它纳入考量。我也可以把它称为"经验法则"或"洞察"，但类似这样的术语都缺少必要的庄严感。

我马上就给你看"硬"证据,来证明"失败是任何新产品推出后最可能面临的结果"。但在此之前,最好先澄清一下"市场失败"这个概念到底是什么意思,以及更难懂的"市场成功"这个概念的内涵。

市场失败与市场成功

在我看来,市场失败意味着投资的新产品在市场上取得了低于预期的甚至与预期相反的结果。

为了把新产品推向市场,你需要进行投资,投入金钱、时间、资源和名誉。你在做出投资决策时,可能期待着能够达成一些成果:更多的收入、更高的利润、更大的市场占有率、新的客户,以及更高的曝光率等。例如:

- 两名员工辞去稳定的工作,用积蓄创办了一家公司,期待着自己做老板后可以变得更快乐以及赚到更多钱。

- 一家公司为现有产品投入资源进行版本升级,期待着新的产品能够比目前的产品销量更高,进而收获更多利润。

- 一位某领域的专家决定休一个无薪长假,把自己的专业知识写成书,并期待这本书可以提升自己

01
市场失败律：失败是最可能的结果

的声誉。同时，出版商决定出版这本书，并期待着它能够大卖。

- 一位老板经营着一家利润丰厚的知名餐馆，又开了一家分店，期待着这家分店的生意也一样火爆，且利润丰厚。

- 高速公路管理部门决定给一条繁忙的免费高速公路新增一条收费行车道，期待可以缓解交通堵塞现状以及偿付公路建设费用。

如果你把一款产品推向市场，而市场反馈结果低于预期甚至与预期相反，我们就称之为市场失败。将市场失败的定义反过来，就是我们对市场成功的定义。市场成功意味着，投资的新产品在市场上取得了达到或超出预期的结果。需要注意的是：有些产品即使被算作市场失败，但以其他标准来判断却可能是成功的。比如对于一部电影来说，即使收获了高度的赞誉，但只要其票房惨淡，就仍然算是市场失败，尤其是对那些投资了这部电影并期望获得利润的人来说。该做的事情都能做到，且做到了最好，但就是销量不佳，无法成为有利可图的生意，这样一款新产品或许算得上是工程上的奇迹，但仍然要算作市场失败。一条能够缓解交通堵塞但无法产生足够多收入的新的公路，即使通勤者认为它是成功的，道路投资人也只会视之为市场失败。当然，重要的是在评判一个产品成功与否之前，你要先明晰成功的标准。

> **创意的关键思考**
> THE RIGHT IT
>
> **市场失败：** 投资的新产品在市场上取得了低于预期甚至与预期相反的结果。
>
> **市场成功：** 投资的新产品在市场上取得了达到或超出预期的结果。

这样一来，我们就对市场失败和市场成功进行了清晰、明确的定义，接下来让我们继续探索更多有关新产品失败的频率、方式，以及大多数新产品最终都会失败的原因。

市场的真相：任何新创意都有90%的失败率

大多数新产品都将在市场上遭遇失败，其中"大多数"指的是有超过50%的新产品都失败了。我还没有发现在哪个行业里大多数新产品都能获得持续的成功，这很合理，因为如果真有这样的行业，那就意味着这个行业或市场有着无尽的需求和资源，但这显然是不可能的。

那么，实际的市场失败率是多少呢？是51%、70%、95%还是99%？答案取决于多个因素，包括我们所要研究的业务或行业类型、研究对象包含多少公司和产品，以及我们每个人对失败的定义。

在范围更广的消费者产品市场，有关新产品失败的最有说服力的数据来自著名的尼尔森公司（Nielsen）。数十年来，尼尔森公司跟踪了成千上万款新产品的上市情况，每年它都会发布一份报告，介绍这些产品的市场表现。结果竟然非常相似,接近80%的新产品的表现远低于预期,最终被归为"失败""令人失望""撤销",年年如此,没有例外。

如果你做过研究,或是跟作者、出版商、移动应用开发者、风险投资人以及餐馆老板等不同行业的人聊过,你会一遍又一遍地听到同样的故事和数字——80%。如果你想用一个数字来替换市场失败律中的"大多数",70%与90%之间的任何数字都可以。我们还是谨慎一点,假定任何新产品创意都有90%的失败率。

关于新产品失败的统计数据既清楚又明确,也很有说服力。但数字的背后意味着什么?为什么新产品大都会失败?如果能够理解其中的缘由,那么我们会更容易接受和应对硬事实。接下来我就会开始回答这些问题,并讲清楚为什么失败的新产品比成功的更多。

正确的 A × 正确的 B × …… = 成功

成功取决于多个关键要素。要素指的是对结果或产出有影响的环境、事实或事件;而关键要素则是指一项创意想要取得市场成功必须正确地完成或做到正确的要素。**大多数结果和产出取决于多项关键要素之间的加成,要想收获成功,必须保证所有关键要素都能够被正确地完成。**

我们可以使用如下公式来帮助可视化和分析这个我称之为"成功方程式"的概念：

正确的 A × 正确的 B × 正确的 C × 正确的 D × 正确的 E × …… = 成功。

上述方程式中的 A、B、C、D、E 等即是成功的关键要素。

若想让新餐馆获得成功，称职且训练有素的厨房工作人员很重要，我们称之为成功的关键要素 A，除此之外，还需要在合适的街区找到合适的地点（B）、好的供应商（C）、合格的服务员（D）、严格的财务管理（E）、好的营销方案和充足的营销预算（F），以及完备的运营（G）等。另外，还需要你可控范围之外的其他要素的配合，例如整体经济情况、竞争对手以及行业评论家。以上这些都是关键要素，只有正确地实现或获得这些关键要素，你的餐馆才能够成功，总之，餐馆的成功是很多个要素同时都满足要求的结果。

而另一方面，只要任何单个关键要素出错，就足以导致项目失败。

正确的 A × 正确的 B × 正确的 C × **错误的 D** × 正确的 E × …… = 失败。

01
市场失败律：失败是最可能的结果

> 正确的 A× 错误的 B× 正确的 C× 正确的 D× 正确的 E×…… = 失败。

你还记得小时候在数学课上学到的知识吧，无论是多大的数字，只要跟零相乘，结果都是零。相同的原理也适用于成功方程式。

比如，不管一家餐馆是投入了 1 000 美元还是 100 万美元来做营销，只要惹得知名的大咖评论家心情不好，他们发条差评就足以对这家餐馆的生意产生极大的影响。不管有多少成功要素被正确地完成或获得，只要有一件事做得不对或结果不好，效果就会被统统抹杀。偏好从数学的角度来思考问题的朋友们可以这样想：如果成功的产出取决于 n 个成功要素同时正确，那么就有 2^n-1 种失败方式，而只有 1 种成功方式。既然成功和失败的方式数量形成如此强烈的对比，"大多数新产品都将在市场上遭遇失败"这一定律也就没什么好令人感到吃惊的了。真正神奇的或令人感到惊喜的是那些以极低概率取得成功的少数产品。这种逻辑很残酷，但它解释了市场失败律背后的统计数据，而我们将用它来打破这一定律。

聪明反被聪明误？

人们通常都不会跟市场失败律的第一部分较劲。我把统计数据和背后的逻辑拿给很多人看过，他们最后都接受了"大多数新产品都将在市场上遭遇失败"这一硬事实。但我碰到的抗拒定律第二部分的人则非常多，这第二部分也就是"大多新产品都将在市场上遭遇失败，即使所有的方案都被执行到位也无法避免失败。"

很少有人能够接受这一点，我们能够理解，因为我们总是认为失败是新产品执行过程中由于人们在某些方面能力不够或经验不足而导致的结果。然而，强大的执行力并不是失败的解药，这的确让人难以接受，但你必须接受它。如果你还抱有幻想，以为具备某一领域或市场的经验与能力能够让你摆脱市场失败律，那么你不仅会失败，还会以一种更加惨烈和痛苦的方式失败，这或许是对你的傲慢的惩罚。

在工作坊和课堂上，我会展示很多戏剧性的失败案例来证明我的观点，这些案例的主角都是被广泛认可的相应的市场里最优秀的人和公司。

可口可乐和百事可乐是软饮行业最成功的两家公司。这两家公司都有制造、营销气泡罐装饮料的世界级专家，这些专家拥有数十年的经验以及无与伦比的专业知识和资源。然而，这些全都无法撼动市场失败律。20世纪80年代中期，可口可乐经过大量的市场调研后，改变了这款史上最著名的产品的配方，推出了一款名为"新可乐"的产品，并进行了大肆宣传。但是，即使做了非常多的研究和准备工作，新可乐得到的却全

01
市场失败律：失败是最可能的结果

是负面评价和反对意见，公司只能重新开始生产、销售传统配方的产品。百事可乐也经历过一场相似的失败，那款失败的产品就是无色、不含咖啡因的"水晶百事"（Crystal Pepsi）。

再比如电影《异星战场》（John Carter），尽管它是一部有着 2.5 亿美元制作预算和 1 亿美元营销预算的迪士尼电影，但它还是失败了。在电影的制作和营销方面，迪士尼可不是什么外行，恰恰相反，它可是最懂行、最有经验的史上最成功的电影公司之一，但这些并不能让它对市场失败律免疫。这个道理同样适用于导演乔治·卢卡斯（George Lucas），在拍摄了极为成功的《星球大战》（Star Wars）系列之后，他拍摄的《天降神兵》（Howard the Duck）却是一部失败的作品。

在开发和运营互联网产品方面，谷歌是世界上拥有丰富经验和卓越表现的公司之一。然而，在 2010 年，这家带给我们谷歌搜索、谷歌地图和 Gmail 的公司发布了谷歌 Wave，这是一款支持团队在线协作的新产品。尽管谷歌对此进行了大量宣传、炒作和热情投入，谷歌 Wave 还是一头撞到了市场失败律的"墙"上，在该产品推出后仅几个月的时间，谷歌就宣布将逐步下线这款产品。同样的命运也发生在了其他一些知名度很高的谷歌产品上，比如谷歌 Buzz[①] 和谷歌眼镜。还有一

---

① 谷歌 Buzz 是由谷歌开发的社交及通信工具，集成于 Gmail 中。——编者注

些失败的谷歌产品则更鲜为人知了，有谁听说过 Jaiku[①] 或谷歌问答吗？

在课堂上，我喜欢让学生们把他们使用过或听说过的谷歌和微软的产品列出来，然后我会把谷歌和微软的失败产品清单拿给他们看，我所列清单的长度往往至少是他们所列清单长度的 5 倍。如果你上网搜索"Google failures"（谷歌的失败）或"Microsoft failures"（微软的失败），你可能会发现有关这些公司失败产品的汇总信息。

当然了，大多数公司都不会宣传自己的失败，而只会静静地把它们放下，然后继续前行。但如果你再深挖一点，你会发现你可以任选一家成功的企业，为它们创建一个失败产品的汇总网页站点。例如，在麦当劳的这个页面里可能会陈列着命运多舛的 McLobster 龙虾堡、用菠萝切片替代了肉饼的 Hula 汉堡，以及让我这个意大利人觉得特别烦的 McSpaghetti 意大利面。

对于一些风格更激进、更具创新性、竞争力更强的公司，失败和成功产品的比例可以达到 5∶1 甚至更高，但即使是最保守和最有竞争力的公司通常也会频繁遭遇失败。最引人注目的地方在于，在背后支撑这些失败产品的公司及其员工不仅仅

---

① Jaiku 是谷歌于 2007 年收购的移动社交服务平台。——编者注

是有能力的,而且可能全都是各自领域里有着数十年经验的"高手",然而,市场失败律依然有效。

尽管经验和能力对于一款能够满足市场所需的产品来说是实现持续成功所必需的要素,但对于一款市场不感兴趣的产品来说,它们就没什么用了。事实上,经验和能力通常会导致更大、更广为人知的失败,因为我们倾向于对具备这些要素的产品进行更大规模的投资、设定更不切实际的高期望值。

与失败恐惧症相比,迎接与学习失败更重要

总而言之,大多数新产品都将遭遇失败,失败可能以多种形式出现,只是将制定好的方案执行到位不足以击败市场失败律。但究竟导致所有这些失败的最主要原因是什么呢?我们能够找出"头号敌人",然后通过调兵遣将避免失败吗?

对于这个"头号敌人",我有怀疑的对象,但我不想仅依靠个人经验来得出普适性的总结。于是,在经历了首次失败后,我决定回到谷歌,继续从事以前的工作,同时抓住参加新项目的机会,继续研究失败。让我感到幸运的是,谷歌张开双手欢迎了我,并为我提供了研究失败的绝佳机会。谷歌对失败如何影响其创新和发布新产品的能力非常感兴趣,于是安排我和另外几位同事一起来调研这个问题以及寻求解决方案。我再也找不到比这更好的机会了。

作为一家商业公司，谷歌对失败的容忍度可谓相当之高。但就算失败对谷歌整体没有产生什么威胁，它也把大多数员工吓得够呛。谷歌理解并接受了失败是创新的必经之路，但大多数谷歌员工都更倾向于加入已经获得成功的知名产品的团队，而不愿意承担风险加入某个正在开发未经检验的新创意的团队。他们想告诉自己的朋友和家人们："你知道 Gmail 吗？我就在做这个！"而不是："我是一名工程师，正在做 SnarfBlatt 项目。"

失败恐惧症是人类内心与追求成功和规避失败相关的最深层渴望，这正是许多成功企业难以维持创新的原因，即使他们的组织已经做好准备迎接失败也无济于事。在公司层面，只要有一款真正成功的新产品就足以抵消数十次谷歌 Wave 那样的失败，比如 Gmail，但对员工个人来说，失败的产品则只是在他们履历上增加了一条为失败产品工作若干年的记录。之前我在谷歌担任工程总监，每当要给激动人心却又风险重重的新项目的关键岗位招募工程师或产品经理时，我都会见识到人们的这种行为。正是因为失败恐惧症，大多数候选人选择了已成功项目中的相对次要的岗位。

然而，尽管很多谷歌员工都想要避免增加败绩，但他们却并不避讳谈论自己过去的失败经历，事实上，他们很喜欢聊这些事。与他们的交谈让我想起了《大白鲨》(*Jaws*) 中的一段剧情，当两位主演在分享自己被鲨鱼袭击的经历、炫耀留在身上的伤疤时,都争着要胜过对方一筹,他们会这样说:"你觉得你的失败很壮烈吗,别急,先听听我的故事再说!"

听这些聪明能干的人讲述自己的失败经历,着实让人陶醉。但我最关心的却是他们对"为什么你们的产品会失败"这个问题的回答。

命中注定的 FLOP

在我采访过很多人并了解了他们的失败经历后,一个清晰的失败模式逐渐浮现了出来。大多数项目都是因为启动、运营或前提而失败(Failure due to Launch, Operations, or Premise)。借此我选取主要单词的首字母得到了一个语义贴合也很容易记住的缩略词"FLOP"。下面我将对这三个原因进行详细分析。

因启动而失败

- 出现这种情况,通常是因为配合新产品开展的销售、市场或分销投入未能在目标市场达到所必需的曝光度或供货量。换句话说,对于本应该需要或想要你的产品与服务的那些人,即你的目标市场群体来说,其中很多人要么不知道你们的产品与服务的存在,要么知之甚少,要么就是想要却买不到。或许,你的产品实属史上最佳创意,也已顺利执行落地，还是能解决某个重大问题的完美方案，但如果你无法让舆论或可用的产品触及你的目标市场，那么它就会失败。

因运营而失败

- 出现这种情况，通常是因为你们的新产品的设计、功能或可靠性未能满足用户期望值的最低限度要求。例如，外观靓丽但坐着不舒服的椅子、菜品可口但服务差劲的餐馆，以及一直闪退的手机 App。你或许能够吸引到一些早期用户购买或使用你们的产品与服务，但如果你没能将自己的创意实施到位，舆论关注终将消散，而失败则无可避免。

因前提而失败

- 出现这种情况，通常就是因为人们对你的创意不感兴趣。他们知道你的产品与服务，也能够理解它，也认可它能够可靠又高效地做到你们所承诺的一切。而且他们可以很容易地找到这些产品与服务，并进行试用、下单购买，但是，他们就是单纯地不喜欢而已。

通过采访，我找出了大多数产品在推向市场后会遭遇失败的三大主要原因，但这个答案也让我颇为纠结。人们在回顾失

01
市场失败律：失败是最可能的结果

败经历时通常会采取一种相互指责的初始模式，这会使得因果关系错乱。总之，项目失败时，人们会互相指责。例如，一个高科技项目失败了，工程部门常常指责营销部门、营销部门常常指责工程部门、所有人都指责销售部门、销售部门指责所有其他部门。同理，如果一家餐馆失败了，人们会指责主厨、服务员或营销团队，甚至室内设计师。但当我让受访者们放下相互指责、努力找出项目失败更深层次的根本原因时，他们发现，参与项目的大多数人其实都很有能力甚至相当出色，足以履行所承担的设计、构建、营销和销售等职责。他们在启动和运营方面或许也有些问题，但这些都不是根本原因。

放下相互指责后，大多数人都有了相似的顿悟："说到底，我们非常漂亮地完成了产品设计和市场营销工作，但就是想要或需要这个产品的人不够多。"把指责的迷雾驱散之后，一个根本原因逐渐浮现了出来：前提。一小部分产品在市场上的失败是因为没有做好产品启动或构建工作，而大部分产品的失败都是因为它们的产品创意有问题。我终于找出了这名头号公敌，即新产品在市场上常常遭遇失败背后的最常见原因。

包括我在内，大多数人在听到这个结论之后都感到很吃惊。我总是把自己投入新产品的大多数时间和精力用于确保把它构建正确了，主要表现在稳健、高质量、可扩展等方面，接着再确保我们在营销方面做得正确。但因为我们从一开始就认定自己在构建正确的产品，结果多半是这个我们投入了非常多的时间、精力以及其他资源的产品后来被市场证明是"错误的它"。

大多数新产品的失败不是因为人们缺乏设计、构建或营销的能力,而只是因为它们并非市场所需。我们把它构建正确了,但我们并没有构建"正确的它"——一款有足够多的人想要或需要、值得开发的产品。

我把我的这种领悟总结为一句话,这句话变成了我的口头禅,也是我写作本书的缘由和动机:

先确保你在构建"正确的它",再确保你能把它构建正确。

02

先确保你在构建"正确的它",
再确保你能把它构建正确

The Right It

战胜市场失败律的
唯一机会就是找到
"正确的它"的创意。
找到一个"正确的它",
配上执行到位,
这个创意就能在市场上
取得成功。
——

02

先确保你在构建"正确的它",再确保你能把它构建正确

"正确的它"是本书真正的主角。它是打破市场失败律的必要条件,事实上,也只有它才能打破市场失败律。因此,接下来让我花点时间澄清"正确的它"是什么意思,就先从定义开始吧。"正确的它"就是一个创意,关乎一款只要执行到位就能在市场上取得成功的新产品创意。

在生意场上,创意没有好坏之分,只有市场成功的创意和市场失败的创意之分。正如我们所见,大多数创意都将失败,即使所有的方案都被执行到位也无法避免。极少数能够取得市场成功的创意有一个共同点:它们都是"正确的它"。换句话说:**找到一个"正确的它",配上执行到位,这个创意就能在市场上取得成功。**

> **创意的关键思考**
> THE RIGHT IT
>
> **正确的它(The Right It)**是指如果执行到位,能够在市场上成功的一个新产品(或服务、公司、计划)创意。只有正确的它才能真正击败失败之兽。

这是否意味着只要你把"正确的它"和你的妥善执行整合起来，就能确保成功呢？事实并非如此。首先，生意场上没有什么是可以保证的；其次，定义说的是创意将会成功，而不是说你一定会成功。比如，对于同样一个创意，别人比你执行得更快、更好，这是有可能会发生的，而且这种情况经常会发生。事实上，一个创意一旦被证明有市场，其他人马上就会意识到这个创意是"正确的它"，并一拥而上努力做到更好或者做到有特色。比萨就是"正确的它"创意的绝佳示例，这可能也是我最爱举的示例，只需要花上 10 分钟驱车在市区逛一逛，你就能发现有大大小小很多家公司都涌入了比萨市场。

虽然无法保证一定能取得商业成功，但如果你选择的是"正确的它"，那你的成功概率会大幅上升。只要用好这本书里提到的工具和战术，你就能又快又可靠地判断出某个创意是否是"正确的它"。如果执行不到位或者竞争对手执行得更好，你最终仍有可能会失败，但在成功概率方面就比选择"错误的它"的优势大多了。接下来，我们来认识一下"错误的它"。

"错误的它"是"正确的它"的邪恶双胞胎

"错误的它"与"正确的它"是一对孪生兄弟。我是这样定义"错误的它"的："错误的它"就是一个创意，关乎一个即使执行到位也将在市场上失败的新产品创意。

先确保你在构建"正确的它",再确保你能把它构建正确

一个经验丰富又能干的团队,努力完成了新产品的开发和发行,结果却遭遇市场败局,发生这种情况意味着他们成了"错误的它"的受害者。他们的创意的基本前提(即 FLOP 中的"P")已经脱离了市场的现实或者说人们的真实需求。不管方案执行得多么到位都无法拯救一个基于错误前提的产品,如绝佳的设计、巧妙的工程、无瑕的质量、精湛的营销或出众的销售。事实上,你投入"错误的它"的时间和精力越多,失败就越会困扰你更长时间并给你带来更大的痛苦。带着"错误的它"走向市场就是一次毫无希望的努力。即使你能够用一些花式的营销在初期为产品创造出一些声势、吸引一些人群,但是你取得长期成功的概率还是基本为 0。

> **创意的关键思考**
> THE RIGHT IT
>
> **错误的它(The Wrong It):** 即使执行到位,也将在市场上失败的一个新产品(或服务、公司、计划)创意。新产品创意之所以常会遭遇失败之兽,就在于它们往往是"错误的它"。

我们已经定义了"正确的它"和"错误的它"并进行了相应的解释,那么接下来就该来回答两个关键问题了。

- 为何很多经验丰富的人也会落入圈套,浪费经验和能力去执行"错误的它"?
- 我们如何才能在对某个创意加大投入前判断出它是否是"正确的它"?

接下来，我会先回答第一个问题，之后在本书第二部分和第三部分再聚焦对第二个问题的解答。

空想之地只能孵化失败的创意

为什么如此多既能干又成功的人和组织投入大量时间和精力开发出的产品，结果却往往会在市场上遭遇败局？这些专家不是应该更懂行吗？难道他们不知道应该先做市场调研再来决定要不要做新产品吗？为什么他们还是会落入"错误的它"的圈套？

与之前一样，我采访了数十名不同行业的从业者，向他们提出了如下一连串刁钻的问题，并希望从中找到答案。

- 你怎么知道自己正在构建的产品是市场所需要的？
- 你们做过市场调研吗？
- 你们使用了哪种市场调研方法？
- 你们以前使用这些市场调研方法的效果如何？
- 你们在调研上花了多少钱？
- 对于这么不靠谱的结果来说，你们可是投入了很多的时间和金钱啊，为什么还要继续使用这些方法呢？

02

先确保你在构建"正确的它",再确保你能把它构建正确

我从这些访谈中了解到,大多数成功人士和组织都清楚地知道拥有正确的产品前提对于市场成功来说至关重要。为了确保选择正确的产品,他们在市场调研上投入了大量的时间和金钱。然而,这些产品大多数仍然会失败,这到底是为什么?

做过深度市场调研仍然失败的产品有很多,对它们进行"解剖"检查后,我从中发现了一个反复出现的问题模式:**针对这些失败的产品所做的所谓的市场调研大多数都不是在真正的市场中进行的,而是在我称之为"空想之地"的一种虚构环境中进行的。**空想之地是一个假想空间,在这里每个潜在的新产品都诞生于一个简单、纯粹且抽象的创意,我们可以把它想象成一个创意孵化所。

> **创意的关键思考**
> THE RIGHT IT
>
> **空想之地**:这是一个虚构的地方,新产品创意在这里四处游荡,收集人们经请求后提供的和主动提供的各种意见。你最好不要在空想之地长时间停留,发生在空想之地的事情就应该让它留在空想之地。

如果一个创意孵化出来后还在空想之地里长期逗留,那就要出问题了,一旦发生这种情况,创意就会像船体吸引藤壶那样开始吸引各方观点。有些人认为这个创意很好,而另一些人则认为毫无说服力,就连所谓的专家也持不同意见。针对创意的观点叫个不是数据,观点是主观的、有偏见的判断,它

> **创意的关键思考**
> THE RIGHT IT
>
> **意见**:关于一个创意成功前景的主观的、有偏见的而且通常毫无根据的判断。在寻求"正确的它"的过程中,意见根本就是危险且具有误导性的。

们都只是些缺乏思考、证据和严肃性的揣测，没有任何"切身利益"（skin in the game）。如果你不明白我说的切身利益是什么意思，还请耐心等待，后文会详细地介绍这个重要的概念。如果一个创意在空想之地逗留时间太长，就会陷入由未经证实的恣意判断、信念、偏好和预测组成的谜团之中。

我们无法只通过思考就判断出一个创意是否是"正确的它"，靠你自己的思考做不到，靠别人的思考或观点也不行，靠所谓"专家"的思考也是一样。有时候，我们会发现自己原来的预测是对的，但那大部分都是运气使然。

只要你还待在空想之地，就无法把"正确的它"给推导或诱导出来，你只能通过在真实世界中进行试验来把它发掘出来。然而，大多数市场调研都是在空想之地开展的，这可真是个坏消息。为了更好地解释这一点，焦点组是最常用的市场调研工具，我就拿它来诠释一下为什么说以空想之地为基础的市场调研是危险的。

"嚦里啪啦嘣"焦点组

你或许并不熟悉营销的焦点组，让我来举个例子说明为什么使用它们以及如何用。我喜欢喝啤酒，也喜欢吃比萨，我就用它们来做示例了。虽然只是个示范，但其流程跟所有产品和服务都是一样的。

02 先确保你在构建"正确的它",再确保你能把它构建正确

我们假设有一家阿尔贝托啤酒公司(Alberto's Beer Company,ABC),它是由饮料行业资深高管人员经营的一家极为成功的酿酒企业,正谋求在女性饮酒者市场上获取更大的市场份额。为了更好地理解这个市场,ABC公司决定使用焦点组的做法。这种做法先把女性饮酒者分组请进一个房间,房间中通常配有单面镜,然后向她们询问一组问题:

- 在选择一种饮料时,你会经常选择啤酒吗,频率如何?

- 如果你没有选择啤酒而选择了其他饮料,原因是什么?

- 如何才能让你更多地选择啤酒呢?

接着是解读结果,然后得出一系列洞察,这些洞察看起来就像下面这样:

- 55%的焦点组被试声称,相比于啤酒,她们更喜欢白葡萄酒,因为她们认为白葡萄酒更适合女性饮用。比如有的受访者说:"跟酒保说'给我拿一瓶百威'这听着可不像淑女。"

- 31%的被试都认同清爽型啤酒口味太淡,而非清淡型啤酒的口味通常又太浓烈或太苦。

- 38% 的被试声称她们更愿意订购看起来和品尝起来都更加"女性化"的产品。

有了这些"数据"做武装,ABC 公司推出了新产品——LadyLike,这是一款窄瓶装清淡型风味啤酒。高管们很喜欢这个创意,并同意先小批量生产,或许还可以在口味方面进行微调以做出多款此产品。接下来需要设计一个靓丽的新酒瓶和新商标,然后再进行第二次焦点组访谈,来判断 ABC 公司所选的方向是否正确。

第二次焦点组访谈时,调研人员先向被试介绍这款可能推出的新品牌,她们还可以免费品尝,然后再问她们如下一些问题:

- 如果 LadyLike 啤酒上市了,相比于白葡萄酒,你有多大的可能性会选择 LadyLike?
- 如果要在 LadyLike 和普通的清淡型啤酒之间做选择,你会选择哪一个?
- 你更喜欢蜜桃口味的 LadyLike,还是甜瓜口味的?

接着再一次把焦点组的结果聚合起来:

- 47% 选择白葡萄酒的被试声称,如果 LadyLike

上市，她们会订购 LadyLike。

- 54% 的被试声称，相比于普通的清淡型啤酒品牌，她们会选择 LadyLike。

- 82% 的被试更喜欢蜜桃口味。

结果振奋人心。一想到新产品的市场份额会以超 10% 的速率增长，ABC 公司的高管们就兴奋异常。他们批准了 LadyLike 上市，并划拨了数百万美元的营销预算用于宣传，然后就开始畅想怎么花他们认为已是囊中之物的绩效奖金。

9 个月后，伴随着数百万美元覆盖多媒体渠道的促销推广，LadyLike 顺利上市，并摆满了商场货架。但又过了几个月，第一批上市的啤酒还是整整齐齐地在货架上待着，一些专为家用冰箱设计的六瓶套装也静静地摆在那里。尽管做了那么多市场调研和公开宣传，尝试 LadyLike 的女性还是很少，重复购买的人就更少了。事实证明，市场失败律再一次应验了。

市场焦点组最后变成了"噼里啪啦嘣"组，一团烟雾之后，团队成员几个月的辛勤工作和数百万美元的预算就消失得无影无踪，像变魔术一样。

如果你觉得我对焦点组和基于空想之地的市场研究与市场调研方法过于严厉的话，那只不过是因为我听太多人跟我讲过他们深受其害的故事。他们聘用了最好的调研公司，投入了巨额资金，并在几个月后得到了一份惊艳的报告，然而报告所指向的是错误的方向。我自己就曾多次受困于空想之地市场研究的陷阱，每一次都浪费了我们和投资者们数年的付出以及数百万美元的资金。

换句话说，即使在空想之地进行的市场调研能够产出更可靠的结果，它也不会是我的首选，因为你会发现还有很多更快速、更便宜、效果更好的方式可以获得我们所需要的数据。你当然可以用昂贵的意大利手工皮鞋的鞋跟来敲钉子，但既然有锤子在手可用，为什么还要虐待你的高档皮鞋呢？

如果你使用上述市场调研方法或是把皮鞋当锤子使用的经历效果比我好，那也挺好的，也不用我说什么你信什么，但你还是可以将其跟我介绍的这些工具和方法比较一下。换句话说，同时用两种方法并行开展两个市场调研，如果两种方式的结果不同，那就意味着必然有一种方式是错误的。人在要做出一个重大医疗决策时，通常都会考虑第二种、第三种甚至第四种选择，我建议你在做出产品决策时也能够这样做。

你现在或许已经感受到了，我极少满足于仅了解事实，我想要理解其中的缘由以及事实背后的机制，即根本原因，尤其是这些事实与普世智慧和经验相违背时，更是需要深入了解。具体到 ABC 公司的这个案例，我想要了解的是，为什么这种在空想之地中进行的市场研究被如此广泛地应用,而且看起来如此具有说服力,但是却会产出如此不可靠和不可信的结果?因此,我再次开始了求解之旅。

空想之地的四大失败之怪

诸如焦点组和市场调研报告之类的基于空想之地的市场研究工具可是门大生意,大公司常常会为了推出一款新产品而花费数十万甚至数百万美元用于开展这类研究,这可不是什么新鲜事。实际上,这类市场研究若能被精心地策划和执行,偶尔也确实能够给你提供一些有意思的洞见,但要非常谨慎地处理,别过于依赖这些洞见,毕竟它们都是空想之地的工具,也因此受到了多种心理陷阱的影响。

失败之兽并非孤军奋战,它的那些忠实的"小跟班"也在帮着推波助澜,这些狡猾的"怪物"居住在空想之地,施展阴谋诡计四处捣蛋,破坏我们的创意。这些"怪物"会制造很多问题,如下 4 种最为常见:

- 翻译缺失问题。
- 预测问题。
- 切身利益问题。
- 证实性偏差问题。

翻译缺失问题

我们在空想之地面临的第一个问题就是沟通。除非将其转化为某种实体的或有形的形式,否则你那有关新产品或新服务的创意就始终只是一个抽象概念、一个你在脑海中以自己独特的方式想象或构想出来的东西而已。只要你尝试着将脑海中的想象呈现给其他人,你就会碰到这个极具挑战性的翻译问题,如果你的创意很新颖、不同于人们见过的其他事物,那么问题就更棘手了。

你所想象的新产品和它的使用方式,跟其他人听完你的介绍之后所想象的样子可能完全不同,这就是问题的根源。人们的信仰、偏好和偏见等这些思维模式方面的局限会扭曲他们对你的创意的理解。不仅人们对创意本身的理解会与你不同,他们还会依据自己独特的世界观来评判这个创意。例如,当我第一次听说打车服务平台优步时,我对它的成功持非常怀疑的态度。如下是我在脑海中看待和评判这个创意的方式:

你是说,让人们上一个陌生人的车?而且不要求是持证的出租车和专业司机,而是随便什么车、随便什么司机都可以?怎么会有人去坐这样的车?"不要上陌生人的车"可是在我很小时家人就教育过我的一件事!这个创意太疯狂了,它不可能成功,我也绝不会使用它。

02 先确保你在构建"正确的它",再确保你能把它构建正确

在我看来,优步就跟搭顺风车一样,对司机和乘客来说都不安全。即使它能够流行起来,我也认为它的市场会很小,绝对不可能威胁到出租车、豪华轿车或公共交通的地位。

过了几个月,一位朋友说服我试一试用优步打车从机场回家,他说:"我敢打赌你以后再也不想坐出租车!"于是,我下载了优步应用,然后只等待了几分钟的时间我就已经坐进了一辆黑色的丰田普锐斯汽车,司机大概20多岁,人很友善也很健谈,还拿出了糖果和瓶装水给我享用,并安全地把我送到了家,费用却只有乘坐出租车的一半。从那以后,优步就成了我打车时的首选。几年后,我第一次跟女儿说不要上陌生人的车时,我告诉她应该试一试优步,结果她说:"爸爸,优步我都已经用了好几个月了。"

预测问题

即使你设法避免了被"翻译之怪"曲解,成功讲清楚了创意,你还是会碰到另一个严重问题。众所周知,对于那些尚未体验过的事物,人类很不擅长预测自己是否真的想要或喜欢它们,更不擅长预测自己会如何使用它们以及使用它们的频率。

第一次听说寿司时,我还是个生活在意大利的青年。有位朋友去了趟日本,回来后他就跟我们描述用碟子装的金枪鱼、三文鱼、鳗鱼和虾。我觉得他在跟我开玩笑,未经烹饪的生鱼

肉，听起来就有些反胃。然而，现在的我很爱吃寿司，至少每星期吃一次。

我们继续以优步为例来讲一讲预测问题。虽然我妥协并接受了优步，愿意乘坐由陌生人驾驶的车辆，但我最开始觉得自己只会隔几星期才用一两次优步，就像以前使用出租车或豪华轿车服务一样。但我的这个预测又错了，而且大错特错，我发现自己使用优步的频率比以前使用出租车的频率要高出3～4倍。

它还有另一个效果是我没有预见到的，我女儿认为：相比于在旧金山自己开车会遇到的各种交通拥堵和停车难问题，换成使用优步会更轻松简单，也更节省开支。为了确认自己这个空想之地的场景，她决定做一次长达6个月的测试，试试看自己会有多想念拥有一辆属于自己的车，以及使用优步会比自己开车节省多少开支。她把自己那辆丰田汽车停在我们家车位上，扔下车钥匙，坐上了一辆优步的汽车返回她自己的公寓。6个月之后，她拿到了做出明智决策所需的数据，然后她卖掉了车，而且直到现在她都没有打算再买一辆。

作为一个物种，我们人类在预测自己是否会使用某个新产品或服务、如何使用以及使用频率等方面的表现非常差。

切身利益问题

"切身利益"这个概念是本书的核心,它会多次出现。切身利益的意思是结局是失去还是得到某些东西涉及极大的利益关联。例如,自认为你的企业家朋友会大获成功因而鼓吹他辞职创业是一回事,而拿出1万美元投资他的新公司以示支持则是完全不同的另一回事,因为对于后者来说,如果你朋友创业失败,你就会失去你的投资——1万美元的切身利益。

人们喜欢发表意见、给人建议,我们大多数人这样做的时候并没有想过自己是否是利益相关方,因为无论如何我们都没有什么可失去的也没有什么可获得的。回想一下ABC公司LadyLike啤酒焦点组的例子,这类市场研究的一大主要问题就是这些被试与调研结果是利益不相关的。如果焦点组中的一位被试对问卷提问给出了极热情的回复,结果ABC公司推出的LadyLike啤酒失败了,她可不会觉得这结果与她有关。稍后我会在书中对"切身利益"进行更多的介绍。

> **创意的关键思考**
> THE RIGHT IT
>
> **切身利益(skin in the game)**:是指市场给你的某种有价值的反馈,作为其确实对你的创意感兴趣的证据。切身利益最简单的形式是金钱,如预付款或订金,但也可能是人们的时间、信息、声誉等。

证实性偏差问题

前三个问题的挑战来自我们所收集信息的正确性。最后这个问题则是关于我们如何解读信息的。

证实性偏差这个术语指的是一种倾向,即人们会选择性地寻求有利证据而忽略不利信息,以此来支持自己已有的信念或观点。换句话说,我们通常做不到采用客观手段收集信息,也无法做到客观地看待所收集到的信息。我们会挑选那些能够支持自己观点的数据并强调其重要性,而忽视那些与之相悖的信息。

大多数人都不喜欢自己的信念被人挑战,更不用说被证明是完全错误的。证实性偏差可以影响我们设计试验、解读结果和得出结论的方式。正如行为科学家阿莫斯·特沃斯基(Amos Tverski)[①]所言:"一旦我们接受了某个特定假说或诠释,我们就会极度夸大该假说的可能性,因而很难再以其他方式看待事物。"[②]

[①] 特沃斯基是著名的行为科学家,诺贝尔经济学奖得主丹尼尔·卡尼曼(Daniel Kahneman)的学术搭档。他的著作《特沃斯基精要》集结了特沃斯基一生研究的精华,该书中文简体字版已由湛庐策划,即将出版。——编者注

[②] 基于空想之地的市场研究之所以在预测产品的市场前景方面非常不可靠,问题的根源在于一组相关联的认知错误和认知偏见,这些错误和偏见本身就是很多研究的主题。如果你需要更多证据和案例来了解我们看似理性的大脑为何能在大多数时候欺骗大多数人,丹尼尔·卡尼曼的《思考,快与慢》会是一本很好的参考书。另外,卡尼曼关于行为科学的最新著作《噪声》已由湛庐策划出版。——编者注

当四大怪组队作乱时

前文所述的这四大怪,每个单独起作用都能把我们导向错误的结论,而它们组队作乱的效果则如下所述。

- 首先,初始创意在翻译过程中被曲解。

- 接着,人们基于自己的独特经验和偏见来看待和评判已被扭曲的创意。

- 随后,与切身利益无关的观点被提出。

- 最终,那些以针对被扭曲创意的偏见判断为基础得出的无风险型观点被谨慎地选出和解读,以证实我们一直以来都想要相信的观点。

坦诚来讲,有些时候这些观点也能够反映出市场的一些真相,但更多的时候,空想之地只能产出假阳性和假阴性的结果,即认为某个实际不存在的市场是存在的(假阳性),或是认为某个实际存在的市场是不存在的(假阴性)。

> 空想之地给不出可靠、客观和可行动的数据,它只能输出糅合了主观的、有偏见的和具有误导性的观点。

空想之地和假阳性

空想之地产出假阳性结果的意思是：新产品创意收集到的肯定意见和相关预测足以让你信服该创意值得跟进，甚至值得赶在他人行动之前迅速跟进并全力以赴。怀着满腔热情、带着不可能失败的期待，你们投入大笔资金开发该创意，几个月或几年之后，通过完美到位的执行，你们推出了一款新产品。然而，随后什么也没发生。所有那些积极的观点和美好的预测，以及那些"只要你做出来，我一定买单"的承诺从未兑现，至少远没有达到你的心理预期。

空想之地的假阳性现象有多常见？想一想大多数新产品都在市场上失败这一确凿的事实，我们就能知道这种现象是常见的。每当你听说某款新产品前景大好但最终却收获惊人的失败的故事，那它很可能就是这种假阳性的情况。各行各业都有很多假阳性的戏剧化案例，接下来，我将挑选其中一个特别有趣的来讲。这个案例有些久远但却非常能代表我的观点，主角是一家名为 Webvan 的规模并不小的创业公司。

> **创意的关键思考**
> **THE RIGHT IT**
>
> **假阳性**（false positives）：一项创意在空想之地听起来很棒，但若将其推向市场却有很大概率遭遇惨败的现象。大多数市场失败都是假阳性。

20 世纪 90 年代末，在"正确的它"被构建正确的绝佳案例——亚马逊的网上商店真正开始颠覆书籍和 CD 零售商时，有一群既聪明又成功还

先确保你在构建"正确的它",再确保你能把它构建正确

很有经验的人,他们笃信食品、日用品店行业也是时候经历一场"亚马逊式"的颠覆了。这听起来是稳赢的事,毕竟大多数家庭在食品、日用品上的花费可比在书籍或 CD 上的花费多得多。而且,在超市里选购菜花和奶酪可比选购书籍或 CD 无趣和无聊得多,因此,预期它能够快速深入地占领市场是挺合乎逻辑的。

这的确有一定的道理。我很喜欢在书店里待着翻翻书,也很期待这种体验,对超市则没有这种感觉。总的来说,线上食品、日用品业务仿佛就是千载难逢的良机,其市场空间比亚马逊所处的市场更大、更有吸引力。至少 Webvan 当时是这样想的,只不过是在空想之地中……

基于上述原因,Webvan 的创始人们决定创办这家新公司,人们可以在其公司网站上选购食品、日用品,接着再由厢式货车在指定时间内为他们送货上门。包括商业分析师,食品、日用品行业顾问,互联网专家在内的每一个了解过这个创意的人都认同这是一个非常大的市场机会。更重要的是,访谈的潜在客户大都给出了同样充满热情的回复:"那真是太棒了!我讨厌去店里买食品、日用品,既要排队还要把它们搬到车上去,很麻烦。"

换句话说,这些都属于激情表达、空口承诺和夸夸其谈,但却都不是来自利益相关方。顺便提一下,作为一名潜在客户,我的反应也跟大多数人一样。我经常在亚马逊购物,因而迫切

地期盼着 Webvan 面市。我曾预测不仅 Webvan 会大获成功，我们家庭也会完成转变，在网上采购大部分食品、日用品。

然而，空想之地相关的问题和阻碍一个都没有出现。Webvan 执行得顺利，不但到位还很快，他们在其他人抓住这个不可错过的机会之前就完成了。在锁定由业内顶级风险投资机构注入的首笔 1 亿美元资金后，Webvan 开始了爆发式的招聘、采购和建设。它招聘了数百名职员、签约了数十家合作伙伴、购买或修建了巨型的冷库，另外还购置了规模庞大的由厢式货车与卡车组成的车队，车辆侧面被统一刷成米色，并被喷上了一个巨大的公司标志。Webvan 最后总共募集了超过 8 亿美元的资金，而且全部花光了。

你可以猜到结局。Webvan 的登场非常闪亮，被大肆宣传，然而，大量消费者在空想之地里信誓旦旦地表示要抛弃结账柜台并改到网上购买食品、日用品的那些承诺都没有兑现，至少这样做的消费者数量没有达到它们在空想之地研究中的预测。虽然事实证明网上销售书籍和 CD 效果很棒，但不知道为什么，通过互联网渠道来销售食品、日用品的效果并没有预期那样好。

投入运营大约两年后，Webvan 于 2001 年申请破产。该公司的一些米色厢式货车在破产拍卖会上被卖出，如今仍然行驶在硅谷的道路上。你甚至可以隐隐约约看出 Webvan 公司标志的轮廓，它像幽灵一般时刻提醒我们记住对空想之地过于信任和投入过多的下场。

空想之地和假阴性

我们已经见识了假阳性是如何误导你对一个后来被证明是"错误的它"的新产品创意进行过度投资的；假阴性的效果则恰恰相反，它会说服你放弃一个后来被证明是"正确的它"的创意。

假阴性场景通常是这样发生的：你有一个自认为很棒的创意，比如一种解决共性问题的新方法、一个新的商机、一段恐怖片的绝佳剧情，于是，你按捺不住内心的激动，带着创意出发前往空想之地。你跟任何愿意倾听的人分享了你的创意，包括你的家人、朋友、潜在的合伙人或投资人，以及潜在的用户。你在介绍创意时的那股激情劲儿，就像是一名喝了太多星冰乐的新晋啦啦队长。然而大多数人都未能理解你的愿景和兴奋，你得到的都是"怎么会有人想要用它？""这可真是个愚蠢的想法""你还是继续专心工作吧"之类的反馈。

> **创意的关键思考**
> THE RIGHT IT
>
> **假阴性**（false negatives）：一项创意在空想之地毫无成功可能，但若推向市场却有很大概率能够取得成功的现象。

起初，你还能尽力承受这些打击。你想起了拉迪亚德·吉卜林（Rudyard Kipling）《如果》（If）中的诗句"如果众人对你心存猜忌，你仍能自信如常"，于是你振作起来继续前行。又经历了多次打击之后，你回忆起这首诗还有一句"但也理解他们的猜忌情有可原"。于是，你开始认可并接受一些质疑，最终，你决定放弃这个创意，并觉得自己很可笑，竟然会相信这种创意能够成功。

大约一年后，你通过新闻报道了解到，有人成功地实现了跟你之前提出的创意非常相似的创意。空想之地再次产出假阴性的结果，而这一次的受害者是你。

正在阅读本书的你或许就是那种经常提出新产品和新业务创意的人，而且你应该很熟悉我所描述的那些假阴性故事。我自己经历过很多次这种场景，有时候，我自己的创意会被人忽视和嘲笑；另一些时候，我则会忽视别人的创意。接下来，我再给你讲几个案例。

当我获得机会加入一家名为谷歌的小有名气的创业公司担任首位工程总监时，几乎我的所有朋友和前同事都认为这次跳槽不好。在他们看来，市场上已经有好几个成熟的搜索引擎以及像雅虎那样更厉害的门户网站。换句话说，这块市场已经广为人知且已经饱和。

我没有采纳他们的意见，还是加入了谷歌。几个月后，我建议我的一位好朋友加入我所在的谷歌广告团队。我告诉他我们正在打造有史以来最厉害的赚钱机器之一，几年后它就能带来数十亿美元的收入。他的回答是："它或许能赚点钱，但我不认为它会有那么大的规模。我可从来没点击过网络广告。"

我试图招募的另一位朋友选择了雅虎较基层的岗位。在他看来谷歌是互联网圈的小公司，而且将一直如此。他认为跟雅虎的一站全包式主页相比，谷歌的极简主页根本就是在浪费宝贵的屏幕空间，而且谷歌的 PageRank 算法的效果也不如雅虎靠人工调整的效果好。

事实证明，我赌对了，而我的那两位朋友至今仍后悔不已。当然，我也曾犯过很多错误。如下是我在第一次听到时嘲笑过的相对新颖的创意的名单，以及我当时的反应。

Twitter：谁会想要关注我这样的人呢？我才不想被别人关注呢！那 140 个字符的限制又是什么奇怪的创意？

优步：还是算了吧！如果我打不到出租车，也坐不起豪华轿车，我宁愿坐公交也不愿意钻进一个没有出租车营业执照的陌生人驾驶的车辆。

爱彼迎：你是说人们把房间租给陌生人过夜？我无法想象会有多少人愿意像那样敞开家门，也无法想象有多少人会愿意睡在陌生人的家里。这看起来像是恐怖片中的桥段。

这样的清单我还可以列出好几页，但你应该明白我意思了。另外，对于上述创意和公司的负面第一印象，可不是只有我这样想，大多数与我交谈过的人当时的反应都差不多。对大多数新创意来说，这种事情经常发生。

有一天早上，我看到报道说亚马逊以超过 10 亿美元的价格收购了 Ring 公司，Ring 的主营业务是生产可支持 WiFi 的视频门铃和其他保障家庭安全的产品。为什么我要提到 Ring 呢？因为就在这之前几年，Ring 的创始人兼 CEO 杰米·西米诺夫（Jamie Siminoff）尚且无法说服任何人投资他的视频门铃创意。他甚至在热门电视节目《创智赢家》(*Shark Tank*) 上都无法拿到一笔投资。事实上，该节目最精明的投资人之一同时也是电视广告专家、人称"QVC[①] 电视女王"的罗瑞·格里纳（Lori Greiner）曾这样说道："你永远也无法在 QVC 电视台卖出这款产品。"

---

① QVC 即"Quality"（质量）、"Value"（价值）、"Convenience"（便利）三个单词首字母合称。QVC 也指美国 QVC 公司，是一家颇具规模的电视与网络百货零售商。——编者注

然而，在后来的一期 QVC 节目中，西米诺夫宣称他在 24 小时内卖出了 14 万台视频门铃，价值 2 250 万美元，这是该年度 QVC 最成功的销售业绩之一。再加上经由其他各种渠道销售出的几百万台，因此毫无疑问，这是我们受空想之地假阴性作用影响的又一代表。创智赢家上那么多大咖都会搞错，我们这些普通人又能有多大可能做对呢？

逃离空想之地

如果市场失败律和空想之地同时起作用，你就很有可能会成为如下两种场景的受害者：

- 对市场失败律的无视加上空想之地的假阳性回应，将会导致你过度投资于一个注定失败的"错误的它"。

- 对失败的恐惧加上空想之地的假阴性反馈，将会导致你停下步伐，不再跟进有潜力成为"正确的它"的创意——一个只要所有方案都被执行到位就注定成功的创意。

正如我已经提到的，空想之地和真实世界有时候也能碰巧观点一致。虽然假阳性和假阴性是常态，但"真阳性"和"真阴性"有时也会出现。

有时候，某个创意在空想之地收获了热烈反响，于是你趁热打铁将其推向市场并大获成功。人们会说："我就知道它一定能够成功！"而有时候，某个创意在空想之地广受批判，你依然无视这些负面反应继续将其执行落地，结果遭受了惨败。别人就会说："早就告诉你行不通了。你以为你还能再创辉煌？"

如何才能知道从空想之地得到的负面或正面回应是真是假呢？我的结论是：我们无从得知。由于翻译缺失问题、预测问题、切身利益问题以及证实性偏差问题的存在，有太多种会导致误判创意成功的可能性了。

但如果自己的意见、别人的意见甚至专家的意见都不可信，那又该如何判断你所拥有和想要开发的创意是否有机会成功呢？

答案是：你需要数据！

03

数据胜过事实,
尤其是你自己的数据

Data Beats Opinions

你自己的数据就是
你自己的团队亲自收集的
用于验证创意的
第一手市场数据。
数据必须满足新鲜度、
强关联、可信度和
统计学意义等标准。

——

03
数据胜过事实,尤其是你自己的数据

本章标题中的"数据胜过事实"来自谷歌的一项关键运营准则。我一直认为自己是个理性的人,都是基于数据和硬事实来做出与工作相关的决定。但直到2001年我开始在谷歌工作后,我才意识到我自己的意见、偏好和偏见对我的决策过程产生了多么大的影响。我并非说平常的观点在谷歌完全没有价值,但参加过一些会议之后,我了解到如果不能提供足够多的客观数据来支撑我的观点,那我就无法赢得讨论或说服同事。

不仅如此,我还了解到谷歌的数据驱动决策流程是非常严格的,大多数人以为的数据在谷歌根本就不合格。若想在决策流程中得到认真对待,数据必须满足如下一些关键标准:

> **创意的关键思考**
> THE RIGHT IT
>
> **数据胜过意见**:是想要提升一项创意的市场成功概率必须内化和实践的一条关键规则,没有例外。不要将产品建立在意见的基础上,而要将它们建立在市场数据的基础上,并且不是随便什么旧数据或他人的数据(见 OPD),而是你自己的数据(见 YODA)。

- **新鲜度**：**数据需要是新鲜的，越新鲜越好，因为几年、几个月或几个星期之前还算真实的数据，到今天可能就不再有指导意义了**。在高科技行业和互联网世界尤其如此，人们的态度和期待的转变是最为迅速的。例如，在20世纪90年代末期，关于网站性能的经验法则之一是：网页必须在8秒之内加载完毕。一份著名的研究数据表明，如果网页加载的时间超过8秒，至少50%的网站访客会失去耐心并离开。

  现如今，对于大多数用户来说，8秒钟就好像"永远"一样漫长。我们希望网页能够立即加载完毕，只要稍微多等几秒钟，人就都跑光了。"8秒法则"已经变成了"2秒法则"，再过几年或许还会变成"半秒法则"。有些数据"变质"的速度非常快，但也有些数据的有效性能够维持很久。然而，陈旧的数据不会像熟透的香蕉那样生出褐色斑点来提醒你它已经不新鲜了，数据本身也没有保质期信息。因此，如何谨慎处理所选用的数据全靠你自己，如果你怀疑数据已经不新鲜了，那就扔掉吧！

- **强关联**：**数据必须直接适用于所评估的特定产品或决策**。或许，这听起来像是一个显而易见的标准，但你会惊讶地发现，弱关联数据混入决策

03
数据胜过事实，尤其是你自己的数据

流程的情况是司空见惯的。比如，即使有事实表明大多数麦当劳的顾客都不会点洋葱圈来搭配汉堡，但这并不意味着你就应该把它从"汉堡餐车"这个创意的菜单中拿掉。

- **可信度**：你在做决策时，不应该依赖由其他人、**其他组织收集的数据，或是为其他项目收集的数据**。谁知道这些人用了什么方法来收集和过滤数据呢？谁又能知道有什么偏见、影响和动机对他们编辑和汇总数据的过程产生了影响？比如，赞助和推广"8秒法则"以及前面提到过的其他相似研究的公司，就是那些售卖可提升网站响应速度的产品或服务的公司，它们当然愿意兴致盎然地展示那些能支持其业务产品的数据。所以，你需要确保自己知道你的数据从哪里来，以及是如何收集、过滤的。

- **统计学意义**：数据必须具有统计学意义。它必须**以足够大的样本量为基础，这样才能确保结论不是基于偶然的**。而且，除非你想在同事面前被当众羞辱，否则就别想着拿个人独特的经历或个案当数据。我早期在谷歌任职时就犯过两次这种错误，每次大家都会齐声驳斥道："个案不是数据。"

需要说明的是，并不是说在谷歌有人会像培训一样正式地跟我讲解关于可用数据标准的清单，而是在经历了几次会议之后，我领悟到了"数据胜过意见"中的数据的具体含义，它指的是新鲜、可信和具有统计学意义的数据。我也了解到获取这种数据的最快捷、可靠的方式就是自己去收集数据，结果导致我对别人的数据产生了一种根深蒂固的不信任感。

你不应该依赖他人的数据

你不应该依赖"他人的数据"（OPD）来判断自己的创意有无可能取得市场成功。依赖于 OPD 是一条很诱人但也很危险的捷径。

首先，让我定义一下 OPD 的含义。OPD 指的是由其他人，为其他项目，在其他时间、地点，用其他方法，出于其他目的所收集和编制的任何市场数据。我们刚刚讲到的新鲜度、强关联、可信度和统计学意义等标准，OPD 违背了好几条。如果也有其他人尝试跟你相同的创意，你可以把他们从实验、行动和决策中得出的数据利用起来，用于补充和指引你自己的行动和决策，但这不应该代替你自己去收集数据。下面，我来解释一下原因。

每当你自认为有了一个关于业务、产品或服务的新创意时，都有如下 5 种可能的情形。

数据胜过事实,尤其是你自己的数据

- **场景 1:** 你是世界上第一个想出这个创意的人,世界上没有任何其他东西跟它一样。

其他人也有相同的或相似的创意,但是:

- **场景 2:** 他们选择不再推进。

- **场景 3:** 他们正在积极推进相似的创意,但还没有发布。

- **场景 4:** 他们推进了相似的创意,但却在发布后失败了。

- **场景 5:** 他们推进了相似的创意,并在发布后获得了成功。

让我们来更具体地看一看这些场景。

- **场景 1:你是世界上第一个想出这个创意的人。** 这种情况通常来说是不可能的。我一直尝试提出新颖、独特但也有些合理性的产品创意,以便能作为案例用在我的预型课程和工作坊上,但这根本就是不可能完成的任务,即使我降低关于合理性、品位等方面的水准要求,但总会发现有人已经先我一步。此外,即使搜遍互联网上的所有信息，我们还是无法确认是否有人在世界某个角落里思考或秘密地开发着相似的创意。如果真出现了微乎其微的可能，你的确是世界上第一个想出一个全新创意的人，那就完全无须担心 OPD，因为根本不存在 OPD。你所在的是一块处女地，你需要亲自收集你需要的所有数据。

- **场景 2：其他人也有相同的或相似的创意，但是他们选择不再推进**。这个场景没有给我们提供任何可用数据。没有其他人决定开发相似的创意并不意味着这个创意无法取得市场成功，如果能执行到位或许就能成功。提出新创意很简单，推进它们需要付出努力、牺牲、切身利益以及更多。大多数人都有很多创意，但却没有付诸行动，你或许会因为他们的想法而更了解这些人，但却无法因此而更了解该创意取得成功的潜力。

- **场景 3：其他人正在积极推进相似的创意，但还没有发布**。此场景同样无法为我们提供任何有意义的数据，因为除非你去监视这些正在推进相似创意的人，否则你无法知道他们的创意跟你的到底有多相似；为了做出决定，他们做了哪些市场测试和试验；他们的风险承受能力如何，等等。

- **场景 4：其他人推进了相似的创意，但却在发布后失败了。** 此场景给我们提供了一些数据，但仍不足以让我们据此做出决策。他们可能是哪些方面没有执行好，也可能是他们的产品与你的创意有某些虽小但却颇重要的差异。如果那个创意是在别的时间、地点由别的人群推出的，结果就很可能并不适用于你的创意和目标市场。商业史上满是创意在此时此地失败但却在彼时彼地成功的故事。比如，麦当劳的 McSpaghetti 意大利面在大多数国家都失败了，但它在菲律宾却很火。

- **场景 5：其他人推进了相似的创意，并在发布后获得了成功。** 此场景能够提供给我们可能有相关性的数据，但仍不足以让我们据此做出决策。仅仅因为其他人把某个创意做成了，并不意味着你用同样的创意就能成功。著名作家斯蒂芬·金（Stephen King）于 1983 年写了一本书，讲述的是名为 "Christine" 的杀人汽车的故事，后来此书大获成功甚至还被拍成了电影，但这并不意味着我想要写一本关于摩托车杀手的书也能获得成功。

你不应该完全基于其他人针对与你的创意相似的创意做了或没做什么来决定如何处理你的创意，因为别人的经验、结果和数据并不一定就适用于你的创意。

当然，我并不是在建议你忽略一切出自其他与你有着相似创意和市场的人的所有数据。我们的确不应该完全忽略它，因为我们常常能够从 OPD 里学到很多东西。但我建议你不要依赖它，因为，在判断某个新创意的市场潜力时，OPD 并不足够，也绝不能替代你自己的数据。

你必须获取你自己的数据

你自己的数据（your own data，YODA）就是你自己的团队亲自收集的用于验证创意的第一手市场数据。要符合 YODA 的要求，数据必须满足新鲜度、强关联、可信度和统计学意义等标准。YODA 与 OPD 是相对的，而且更有价值。

创意的关键思考
THE RIGHT IT

YODA：你自己的团队亲自收集的用于验证创意的第一手市场数据。YODA 必须与用户的切身利益相关。与 OPD 不同，对于评估你的创意来说，YODA 即是充分条件也是必要条件。

OPD 看起来更容易收集，尤其是现如今互联网上充斥着大量的数据，但别被它的易获得性诱惑，因为 YODA 的价值比 OPD 大得多。好在收集 YODA 既不困难也不费时或费钱。事实上，获取新鲜的

YODA 通常都比你去深挖陈年的 OPD 再进行处理更容易、更快也更有趣,如果应用上你即将在第二和第三部分学到的工具和战术的话,就更是如此了。

部分总结

失败是成功的第一课

在第一部分,我们花了很多时间来学习失败。这或许不是最鼓舞人心的开始方式,但理解为什么大多数新产品在市场上都会遭遇失败是一个关键前提,这样你才能得以欣赏和理解第二及第三部分将要提及的那些工具、技术和战术。然而,在继续我的论述之前,我们先花点儿时间总结一下我们在第一部分中都学到了什么。

如下是第一部分的核心要点,值得我们去复述、记忆,甚至是在身体某处文身以示提醒。

- 市场失败律:大多数新产品都将在市场上遭遇失败,即使产品方案被执行到位也不能避免。

- 大多数新创意在市场上遭遇失败是因为它们是"错误的它",即不管产品方案执行的到位与否,市场都不感兴趣的那些创意。

- 在市场上取得成功的最佳机会是使"正确的它"的创意与妥善到位的执行举措相结合。

- 你不能依赖自己的直觉、其他人的意见或 OPD 来判断某个新创意是否是"正确的它"。

- 判断某个新创意能否成为"正确的它"的最可靠方式,就是去收集 YODA。

在本书的第二部分,我将向你介绍三类工具来帮助你收集、分析和理解 YODA,它们分别是:

- 思考工具,可以帮助你明确你的创意和需要收集的数据。

- 预型工具,帮助你在市场上检验创意,以便更高效地收集 YODA。

- 分析工具,帮助你客观地理解你所收集的数据,并帮助你把数据转化为决策。

第二部分

检验创意的三大利器

THE RIGHT IT
部分导读

我们已经看到了在空想之地应用含糊思维和欠缺现实检验的后果。我们稍后再来谈现实检验，现在需要先修正我们思考新创意的方式。

思路清晰是至关重要的。如果你在描述自己的新创意时总是含混不清、不够精确、模棱两可或者有多种解读，那么你就尚未具备继续前进的坚实基础。在检验一个创意之前，你必须足够清晰和准确地描述它，这样才能够指引团队设计出有意义、有启发性、结果也值得信赖的检验方案。

你将在接下来的几章中学到一组经过验证的概念和工具，这些概念和工具能够让你的思维更清晰、更通透。我们会先从最重要也最有威力的市场参与假说（market engagement hypothesis，MEH）开始。

04

思考工具，
学会使用三大假说来澄清创意

Thinking Tools

如果一个创意
没有市场,
那么它就不可能成功。

——

市场参与假说,有市场就有办法

还记得第一部分里提到的成功方程式吗?

$$正确的 A × 正确的 B × 正确的 C × 正确的 D × 正确的 E × \cdots\cdots = 成功。$$

一个创意若想在市场上取得成功,许多关键因素都必须依次做对。比如,对于开办一家新餐馆来说,只是想明白了新餐馆的宏伟概念还不够,还必须招聘称职的厨师和服务员,并进行有效的营销活动——另外,你还得祈愿戈登·拉姆齐(Gordon Ramsay)①不会在你对面开餐馆。但是正如我们所

---

① 拉姆齐是英国知名的厨师,并曾主持多档电视烹饪节目,风靡欧美各国。
　——编者注

见，如果你的创意不是"正确的它"，那么完美的执行、经验甚至好运气都帮不了你。如果主厨或员工不可靠，那么你可以换人；如果第一次营销推广效果不佳，那么你可以再来一次；但如果餐馆的前提，即这个创意本身是"错误的它"，那么你又该何去何从？难道要靠改变人们的心意？若是如此，那我只能祝你好运了！

如果你开了一家名为"廉价寿司"的餐馆，而客人认为这名字听着就像会致人食物中毒并决定不去尝试，那么你就很难取得成功。如果市场根本不认可你的创意，那么你无法强迫它。

简单来说，如果一个创意没有市场，那么它就不可能成功，即"没市场就没办法"。那么，你的市场是什么？以及该如何定义和判断入场时机？对于这些问题，你需要百分之百地清楚。答案是市场参与假说。

> **创意的关键思考**
> THE RIGHT IT
>
> **没市场就没办法**：如果市场对一个产品创意不感兴趣，那么不管这个产品的设计多么精湛、工程多么出色、可靠性多么卓越、营销手段多么花哨，都无法帮助这个创意取得成功。

市场参与假说确定了你对于市场与你的创意互动方式的关键信念或假说。人们是否会想要了解更多、想要探索它、想要试一试、想要采用、想要买下来？如果他们认可了它、尝试了或是购买了，他们又会如何使用它以及多频繁地使用它呢？他们会再次购买或是把它推荐给朋友吗？换句话说，市场参与假说阐明了你关于市场如何回应你的创意的愿景。

如果你的市场参与假说被证明是错误的,那可能你的愿景只不过是一种幻觉或是一厢情愿。在这种情况下,你最好重新审视、调整它或者干脆去实现另一个不同创意。但如果你的MEH是正确的,你就有了一个跟市场失败律抗争的机会。

因为市场参与假说实在是太重要了,所以它不仅应该是清晰的,还应该是可验证和可用数字表达的,但我们也别做过了头。我会先向你展示典型的市场参与假说是什么样子,然后再告诉你如何把它们做得更好。如下是一些示例,我们可以从它们开始。

> **创意的关键思考**
> THE RIGHT IT
>
> **市场参与假说(MEH):** 整合了新产品创意背后的基本前提和目前市场与之互动方式的高阶描述。例如,隔日寿司的市场参与假说是:很多偏好健康饮食的人们都很喜欢吃寿司,但因为寿司太昂贵,所以人们无法经常食用。如果我们能够找到办法让寿司跟其他快餐一样实惠,就会有很多常吃快餐的人放弃其他不太健康的食品而改选寿司。

创意:廉价寿司,一辆廉价寿司食品车,0.99元金枪鱼卷之家。

MEH:如果我们能把寿司做到跟其他快餐一样快捷、便宜,很多寿司爱好者就会选择寿司,而不是汉堡、墨西哥卷或其他不那么健康的快餐食品了。

创意:Webvan,日用品网上订购、送货到家。

MEH: 如果可以选择,很多家庭都会选择在网上购买日用品,而不是去超市。

创意:一部关于漫威卡通人物霍华德鸭的电影。

MEH: 人们喜欢虚构的鸭子形象,比如唐老鸭、达菲鸭,所以人们会蜂拥而至来观看一部以霍华德鸭为主角的动画电影。

创意:奈飞公司(在流媒体出现之前,该公司最初的业务模式是以 DVD 租赁为基础的)。

MEH: 如果我们集合了 DVD 邮件递送、固定月租费和免滞纳金,那么很多人都会跟我们签约,而不是去商店租赁。

总之,市场参与假说就是一句简短的话,打包说明了你的创意的基本前提以及你希望市场与之互动的方式。我得承认,在构思"市场参与假说"这个概念时,我非常想用"期望"或"幻觉"等词语而不是"假说",比如"市场参与期望"或"市场参与幻觉"。通常来说,使用那些词语可以更准确地描述人们在空想之地如何想象市场跟他们的创意互动的方式——一种妄想和幻觉的混合体。

办公室里每个人都很喜欢我的低脂素食甘蓝饼干,他们都跟我说我应该去创业卖饼干。我有个邻居是在全食超市工作的,她说这就是客户一直想要的那种烘焙食品。她还说我可以很容易以3美元的价格卖出这种饼干!所以我应该辞掉工作、拿房子来抵押贷款、投资购入商用烘焙设备、招几个人做帮手,3个月之后,我就会在甘蓝饼干领域做到风生水起!

类似的例子还有柑橘树、果酱天空、万花筒眼睛女孩等。总之,一旦涉及跟新产品或新业务相关的创意,我们大多数人很容易抱有"幻觉"。这么多年来,我自己就曾多次有过这种幻觉。

问题是有时候这些幻觉也会成为现实。有时候你想象中的市场后来如愿变成了现实,而且,偶尔市场还会变得超乎想象的大,并更加渴求你的新产品。换句话说,有时候你的市场参与假说会被证明是正确的,你的创意就是"正确的它"。当然,你仍需要能将该做的执行到位才行,在你和市场成功之间仍然有着诸多障碍,但这么多年来我已经学会

> **创意的关键思考**
> THE RIGHT IT
>
> **有市场就有机会**:只要市场对一个产品创意足够感兴趣,人们通常都会找到办法冲破任何工程、财务、法务或其他方面的阻碍,使这一创意最终得以实现。只要创意是"正确的它",通常它都能"找到"办法走向市场。

了仰仗如下事实：**有市场就有机会**。

如果廉价寿司真的有需求，那么这类餐馆无论如何都能找到低成本的鱼肉供给，这样它就能够以 0.99 美元的价格销售金枪鱼卷。只要有确凿的证据证明市场需要他们的产品，而不只是信念或期冀，人们可以变得非常有创造力，而且通常都能够找到将该创意落地的方法。市场参与假说要做的就是帮助我们对市场需求进行精确的定义并找到需求存在的证据。若想战胜市场失败律，这是一个非常重要的工具，也是必须迈出的第一步。

现在你已经大概了解了市场参与假说，接下来让我们学习如何将其转化为我承诺的那些利器之一。这一切都要从数字开始。

用数字说话

"并非所有重要的事物皆可被计算，亦非所有可被计算的事物皆重要。"这是一句至理名言。当然，"有些重要的事物可被计算，也应该被计算"这一观点也非常重要。

我在谷歌工作期间所习得的最有价值的习惯之一是：要避免使用模糊的术语，并尽可能地使用数字。如果数据胜过意见，那么表述数据的最佳方式就是用数字说话。例如，不要脱

04
思考工具，学会使用三大假说来澄清创意

口而出说:"我相信如果把'订阅'按钮做得更宽一点，就会有更多点击量"，训练有素的谷歌员工会将"更宽一点"和"更多点击量"转换成具体的数据，把含糊的观点转化为可验证假说。

> **创意的关键思考**
> THE RIGHT IT
>
> **用数字说话**：在任何时候，能量化的信息就一定要量化。数字比一些模糊不清的术语更有意义也更有用，即使是有根据地猜测出的数字也一样。例如，不要说"我们的产品不贵"，而要说"我们的产品只要10美元"，或是说"我们的产品价格比同类产品低40%"。

含糊的观点：我相信如果我们把"订阅"按钮做得更宽一点，就会有更多的点击量。

可验证假说：如果我们把"订阅"按钮的宽度增加20%，就会增加至少10%的订阅者。

通过用数字来说话，一个含糊的信念就变成了表述清晰的可验证假说。在这种情况下，显而易见的是，我们可以把用户分成A组（使用原始按钮）和B组（使用加宽20%的按钮）两组进行试验，接着再比较两组的点击量及订阅者情况。

验证结果：以1 000个页面浏览量为样本，我们对A、B两组进行了测试。结果表明，当我们将"订阅"按钮的宽度增加20%时，订阅者增加了14%。

如果再多做几次测试后这一结果仍能维持，那么团队就获得了令人信服的证据——YODA，而非观点或猜测，证明更大的按钮能够带来更多的订阅。

含糊的思维与观点很容易吸引麻烦上门。没有什么比数字更能破除人们思想中含糊不清的看法了，好在，我们可以在一开始只使用一些粗略的估计值。事实上，过度追求情况不允许的高精度数据是错误的行为，这也是我们在前述示例的初始版本的假说中使用整数（例如20%、10%）的原因。在初期，我们只不过是在做有根据的猜测而已，使用更精确的数字那就有点儿为时过早且过于自负了，而更精确的数字正是我们要通过试验获得的东西。例如，经过几轮测试后，我们可能会发现"订阅"按钮的最佳宽度是124个像素，比初始宽度长24%，而且这种变化平均能够带来13.8%的点击增量。

现在你应该了解"用数字说话"的含义了，接下来让我们把这种方式用于我们的市场参与假说。

XYZ假说，把含糊观点转化为可验证假说

市场参与假说是关键的第一步，也是一个关键工具，但是，如果这个工具不够"锋利"，那它就没有多大的效用。而我们打磨市场参与假说的方式是用另一个工具来重写它，这个工具就是XYZ假说。这个工具是我在斯坦福大学的一次工作

会议上处于沮丧状态时迸发出来的想法。

事情的经过是这样的：由工程专业学生组成的一个小团队提出了个人空气污染监测的创意，我试图让他们将"用数字说话"原则应用于他们的市场参与假说。在这些学生说明他们认为市场是怎样的以及潜在客户会对其产品做出什么样的反应时，学生们总是会给出含糊的描述。如下是学生们得出结论的一个示例：

> **创意的关键思考**
> THE RIGHT IT
>
> **XYZ 假说：** 当你把"用数字说话"这一原则用于市场参与假说时所得到的东西。XYZ 假说的基本格式是"至少 X% 的 Y 将会 Z"，X% 代表了你目标市场 Y 的一个百分比，Z 则代表了那部分市场将对你的新产品创意采取何种反应。

在污染严重的城市中生活的一些人会有兴趣购买价格合理的设备用于监测和净化空气的。

哪些城市算是"污染严重的"？"会有兴趣"意味着什么？"价格合理"又是什么意思？

我们开会的地方是校园里一个有很多白板的教室，一些学生在白板上写下了一组数学公式。我看着这些公式，突然间有了一个想法，我从椅子上跳下来，抓起一支记号笔，跑到白板前把如下内容写了下来：

至少 $X\%$ 的 Y 会 Z。

接着我解释说:"X% 就是你的目标市场的一个具体百分比;Y 是关于你的目标市场的一个清晰的描述;Z 就是你预期市场会对你的创意采取何种反应。或许你还记得高中代数的内容,X、Y、Z 就是我们用来表示未知变量的字母。而此时此刻,这些量表示的则是你的创意的现状,你就是在处理很多的未知变量。但你可以开始对这些未知变量提出有根据的猜测,做一些简单的试验来验证你的初始假说,再根据需要进行调整。"随后,这些学生开始微笑、点头,事实证明,他们理解了我所说的话。经过几次迭代后,模糊性得以消除,他们得出了一个值得重视的、可验证的、用数字说话的假说:

> 对于居住在 AQI[①] 数值超过 100 的城市里的人,其中至少有 10% 会购买一台售价为 120 美元的便携式污染传感器。

注意,X、Y、Z 等初始值只是起点,是根据学生们心目中创意可行所必需的最小市场规模做出的猜测。10% 是对市场的合理估计吗?超过 100 是正确的 AQI 数值吗?120 美元是合理的价格吗?可能并不是。这些初始值或许会谬之千里,但至少学生们定义了他们对"一些人""污染严重""会有兴趣""价格合理"这些内容的理解,他们可以通过进一步的验证来了解真实的市场是否如此。

[①] AQI 指的是空气质量指数,是一个用于衡量空气污染程度的客观度量指标。

XYZ假说除了具有可验证的优点,它还是能让团队把隐含假说显式化的一个绝佳工具。可能有的学生认为200美元的价格是合理的,而另一位学生则认为这个价格不可能有10%的市场,该设备的价格应该设在80~100美元。这两位学生一开始并不知道他们在价格上有不同意见,但当他们被逼着给"价格合理"一个明确的定义时,分歧就显露出来了。哪位学生的价格是正确的?我们不知道,或许都不对,极有可能在这两个价位或任何价位上都不存在很大的市场。不管出于什么原因,人们很可能就是会对一款便携式污染监测设备不感兴趣。最终,市场将决定"价格合理"的含义,但在当时,学生们经过一番争论后达成一致意见并以120美元作为初始价格。

事实证明,XYZ假说是一个非常有效的"去模糊器"。它将宽泛且不精确的表述如"一些""重度""合理"等替换为精确的表述,将"有兴趣"这样具有模糊意味的表述换成了以"120美元的价格购买"这样的具体动作(见表4-1)。

表4-1 XYZ假说的应用示例

使用XYZ假说之前	使用XYZ假说之后
有些人	至少10%的人
污染严重的城市	AQI数值超过100的城市
有兴趣	购买
价格合理	120美元

在获得了第一次成功后,我推测 XYZ 假说将会是一个有价值的工具,于是我站在白板前让一位学生给我拍照留念,用以纪念那个"找到了"[①]的时刻(见图 4-1)。

图 4-1 作者首次提出 XYZ 假说时的情景

现在我真的很高兴曾留下了这份记忆,因为事实证明我的推测是正确的。XYZ 假说已成为我的工具包中最重要的一部分,也是我所教授的最重要的内容之一。事实上,如果我只有几分钟的时间来给雄心壮志的企业家或产品经理提供咨询服务,我会把这段时间用来介绍 XYZ 假说并帮助他们用此方法

---

① 原文"Eureka!",因阿基米德而知名,用以表达人们绞尽脑汁找到解决难题之后的兴奋之情。——译者注

表述他们的创意,这个工具总是能够成功地澄清他们的思考并让团队成员之间的误解或分歧浮出水面。

深入未知的冒险

正如我已经简要提及的,X、Y、Z在科学和数学中一般用来表示未知变量。特别是字母X,经常用来表示神秘的事物,即那些我们尚未完全理解或无法证实其存在的事物,如X音素(The X Factor)、X档案(The X Files)、X行星(Planet X)。

我们不知道或不完全理解的事物意味着危险和机遇的共存。这使得X、Y、Z这三个字母非常适合我们的任务,将新产品推向市场就类似于踏入一场未知的旅程,可能会带给我们巨大的回报,也可能会以失败告终。就像是进入了一个既充满宝藏也充满陷阱的巨大的黑洞中,而那正是失败之兽和梦想之地四大怪的"老巢"。

人们还常常用X、Y、Z来描述、测量和绘制三维空间里的事物。对我们来说,我们正在探索并试图绘制其地图和对其进行理解的这个未知的三维"XYZ空间"包括如下内容:

X:我们能在目标市场占据多大地盘,即份额占比是多少?

Y：我们的目标市场是什么？

Z：目标市场将对我们的产品做何反应以及具体表现如何？

如果不带上跟踪自身位置和绘制路线的基本工具，如指南针、六分仪、绘图套件等，任何理智的探险家都不会冒险深入未知的世界。XYZ假说就是我们市场探索工具箱里的第一个工具，而且是至关重要的一个，因为它给我们提供了深入市场这个黑暗的未知世界时用于度量我们的脚步和绘制路线的一种客观方式。

XYZ假说示例

市场参与假说和XYZ假说非常重要，因此，为了确保你能够很好地理解它们，我将会再列举一些如何使用XYZ假说格式来澄清含糊的市场参与假说的示例。所有示例都基于我在课堂上、在教练辅导过程中或是在头脑风暴练习时冒出来的创意。它们只供说明之用，因此读者不用去关注具体的创意内容，比如这些创意到底有多愚蠢，而只需关注它们是如何以XYZ的形式来进行表达的。需要说明的是，其中确实有些创意已经被试验过了。

创意：类似优步的衣物收洗服务。

模糊 MEH： 大多数使用投币洗衣机的人都很讨厌那种体验。很多人都更愿意多花几美元，来购买可以将衣物进行收取、洗涤、烘干并在合理时间内送返的服务。

XYZ 假说： 至少 10% 的投币洗衣机用户会愿意多花 5 美元享受衣物收洗并于 24 小时内送返的服务。

创意：适用于无空调汽车的使用冰块的空气冷却器。

模糊 MEH： 没钱修复或购买车内空调的司机们可能会愿意购买一个便宜的使用冰块的小玩意儿来给他们的汽车降降温。

XYZ 假说： 当平均气温超过 38℃时，车内没有安装空调的人至少有 5% 会愿意花 20 美元购买一个冷却空气的小玩意儿。

创意：狗用啤酒。

模糊 MEH： 很多狗的主人不喜欢独自饮酒，其中有些人会愿意购买一款狗也可以饮用的啤酒，这样他们就可以跟自己的宠物一起饮酒了。

XYZ 假说：至少有 15% 的人会愿意在给狗买食物的时候多花 4 美元买一个 6 支装的狗用啤酒。

创意：超级松鼠收藏家限量版图书。

模糊 MEH：对于超级松鼠系列漫画的粉丝们来说，他们会为一款他们最喜爱的超级啮齿动物英雄的限量版、高品质收藏品而疯狂。

XYZ 假说：在超级松鼠漫画的 22 万订阅者中，至少有 50% 的订阅者会花 100 美元购买该漫画的收藏版。

上述这些例子或许有些愚蠢，但我发现这样的例子能让人更容易记住它们。XYZ 假说是重要且强效的工具，如果我们把它跟下一个思考工具"缩进假说"（Hypozooming）结合起来使用会发挥出更大的威力。

缩进假说，从 Y 到 y

缩进假说的目标是找到一个具体但宽泛的假说，然后对其进行不断缩进直到它变成可行动和可验证的假说。通过这种方式可以从"XYZ"走向"xyz"——一种更小、更简单、可立即验证的市场参与假说。想法是如果 XYZ 为真，则 xyz 必为

04
思考工具，学会使用三大假说来澄清创意

真，但 xyz 更易于测试和验证。

让我用 XYZ 假说中的污染感应器的例子来解释：

在 AQI 数值超过 100 的城市里居住的人们至少有 10% 会购买一台售价为 120 美元的便携式污染传感器。

> **创意的关键思考**
> THE RIGHT IT
>
> **缩进假说**：从范围、空间和时间角度不断缩进一个 XYZ 假说，直至衍生出一组较小的可以快速且低成本地进行本地化测试的 xyz 假说的过程。其中的一条原则是：如果 XYZ 假说为真，那么基于它衍生出来的易于测试的缩进版 xyz 假说也应该为真。

这是一个精心制作的用数字说话的市场参与假说，但它描述的是一个巨大的潜在市场，全世界有数以百万计的人生活在污染严重的城市中。就目前来看，以这个假说为起点就太大了，因为我们很难对其进行测试，至少无法很快完成，这也绝不是正面临期中考试压力又没什么钱的高中生能够做到的。也就是说，是时候应用缩进假说这种工具了。

目标市场缩进：Y → y

市场参与假说中的大写字母 Y 代表了你最终的目标市场，即你心目中认为产品上市后全世界范围内可能会购买你产品的所有人。对假说进行缩进时，那个巨大的市场也开始不断缩进，直至找到其中更小的、局部的但有代表性的一部分。我建

创意的关键思考
THE RIGHT IT

xyz 假说： 从更宽泛的 XYZ 假说衍生出来并与之保持一致的一种小型的、特定的、易于快速测试的假说。以隔日寿司为例，一个合理的 xyz 假说是"如果价格只有普通盒装寿司的一半，在 Coupa 咖啡厅吃午饭的学生中至少有 20% 的人会选择隔日寿司"。从一个宽泛的 XYZ 假说推导出一个或多个 xyz 假说的过程即为缩进假说。

议你从完整市场 Y 走到一个更小的、可管理的、易于触达的初期测试市场 y。想象一下那种视频，摄像机从太空中可以看见地球的角度开始，接着缩进到看得见某个大洲、某个国家，然后一直到城市甚至是某幢具体的建筑。我希望你能够通过你的思维之眼用这种方式来审视你的假说。

你应该积极主动地应用缩进假说，但要确保你不会缩进得太过了头以至于找到了一个没有统计意义的小样本量，比如你的两位室友、家人以及某个具体的个人。那么，多大的样本量才算好？从统计学上看，100 到 1 000 这个数量区间应该是具有统计意义的，但是你得确保所选样本中的人群能代表你的目标市场，即真的可能会购买你的产品或服务的人群。

例如，对于测试新型比萨来说，从 3 亿多美国人中随机选出 100 人就是个不错的样本，因为大多数美国人都喜欢而且买得起比萨。但如果你计划出售的是价值 12 万美元的全电动两座汽车，比如特斯拉 Roadster 车型，那就不能随机选 100 个人来获取数据了，因为大多数人都买不起或是不会选择那样一款汽车。这种情况下的测试就应该聚焦目标市场——那

04 思考工具,学会使用三大假说来澄清创意

些年轻的、极客范儿的富人们。

我们再回过头来看污染监测器的例子,并尝试应用缩进假说。比如,我们可以将城市范围从全世界缩进至某一国际大都市——城市 A。

Y: 全世界所有 AQI 数值超过 100 的城市。

y: 城市 A。

第一步还可以,但是由于城市 A 非常大,是个拥有超千万人口的城市,因此还需要继续缩进假说。讨论几分钟后,团队判断年轻孩子的父母或许是一个理想的目标市场。其中一位学生提到他姐姐的孩子在该城市一家名为"Tot Academy"的私立双语幼儿园上学,这家幼儿园共有大约 300 名学生。他觉得可以找他姐姐在下一次家长会上展示这个产品,看看有多少家长会感兴趣。这样一来,他们将目标市场从全球缩进到了一所拥有大约 300 个孩子的幼儿园。

Y: 全世界所有 AQI 数值超过 100 的城市。

y: 城市 A 一所幼儿园的家长们。

在将目标市场缩进到城市 A 的同时,他们也把货币单位

从美元改成了当地货币,于是我们得到了如下的 xyz 假说:

> **xyz 假说:** 在城市 A 的 Tot Academy 的学员家长中,至少有 10% 的人会购买一台售价 800 元的便携式污染监测器。

这样一来,他们就有了一个基于他们容易触达的特定目标市场的 XYZ 假说,而且是用数字表述的。但他们还面临一个大问题:他们还没有产品呢!此时,他们的便携式污染监测器还只是困在空想之地里的一个尚未实现的创意。设计、开发和制造这样一款产品至少需要一年的时间和大量的资金,即使是一次性的样品也需要不少的投资和数月的时间来开发。他们碰到了"鸡生蛋还是蛋生鸡"的问题。他们需要先检验他们的市场参与假说以确认他们的产品创意是不是"正确的它",然后再来决定是否投入大量时间和资金来打造它,而验证他们的市场参与假说又需要有已经打造好的产品,但是,他们真的需要吗?

唯一可以百分之百确定我们的新产品创意是否能在市场上成功的方法,就是将产品开发出来、批量生产、开展适当的营销活动,然后再观察会发生什么。换句话说,我们寄希望于"只要我们建成了,用户就会被吸引过来"的力量继续前行,这又是一句名言,跟"不准失败"一样,听起来很棒,但往往会事与愿违。

04
思考工具，学会使用三大假说来澄清创意

然而，用这种方式来确认一个创意是否是"正确的它"是一种既昂贵又颇具风险的方式，尤其是在我们已经知道大多数创意都会在市场上失败的情况下。但我们还有什么别的选择吗？毕竟，我们已经了解到我们无法依靠基于梦想之地的、意见导向的市场研究，因为有太多的假阳性和假阴性陷阱。我们知道我们需要数据而非意见，而且我们还知道我们不能依靠OPD，我们需要收集YODA。但是，在还没有做出产品之前，我们又该如何收集YODA呢？

> **创意的关键思考**
> THE RIGHT IT
>
> **只要我们建成了，用户就会被吸引过来：**这是一种过于乐观、缺乏根据的情绪，不适合商业企业，因为除非你所构建的是"正确的它"，否则没有客户会主动上门。你应该在构建任何东西之前先问清楚的一个关键问题是："如果我们建成了，客户会被吸引过来吗？"这正是本书要帮助你回答的一个关键问题。

这就轮到预型开始发力了。

05

预型工具，
让你快速检验创意的成功率

Pretotyping Tools

没有任何方法或工具集
能给你100%成功的保证,
但只要使用得当,
预型工具可以帮助你判断
一个创意是"正确的它"
还是"错误的它"。

——

IBM 的语音转文本案例

我第一次听说这个故事是在几年前的一次软件大会上,我不确定我对会议的描述是否准确,我可能会记错一些细节,但在这个案例中,故事的主旨远比细节更为重要。

数十年前,互联网时代还没有到来,个人电脑也还没有普及,IBM 广为人知的是它的大型计算机和打字机。在那个年代,打字还是只有少部分人擅长的事情,比如秘书、作家以及一些计算机程序员。而大多数人则是用一根手指缓慢而低效地打字,因此,很多公司都非常依赖于专业打字员,而聘用这些打字员需要高昂的成本,还需要为之配备洗手间及休息时间,偶尔还需要为他们提供免费的百吉饼和咖啡。

IBM 有着得天独厚的优势,可以利用它在计算机技术和打字机市场的领先地位来开发语音转文本的计算机。这项技术让人可以对着麦克风说话而无须打字，却能够看见他们的指令如魔法般地出现在屏幕上。由于该技术可以减少对专业打字员的需求甚至最终取代他们，因此 IBM 可以赚很多钱，但前提是 IBM 能够成功开发出这项技术且目标用户愿意使用。

在空想之地，除了打字员群体以外，大多数人都应该非常喜欢这个创意，很多人都想要使用计算机，但却不想去学习打字。而且，在大多数人期待在不远的将来能够看到的科技中，除了可以飞行的汽车就是能够理解人类交流信息的计算机了。但在决定投入长达 10 年的时间以及耗费巨资进行研发之前，该公司想要确定，它的目标市场即商务人士不只是在空想之地里感兴趣，而是在了解和使用这项技术之后仍然会积极地响应这项技术。最好的方法就是让他们使用该技术的原型版本，但这会面临一个巨大的问题。

在那个年代，计算机的性能远不如现在强大，其价格也更昂贵，而语音转文本的功能需要消耗大量的算力，已经超过了当时计算机的性能。此外，即使有足够的处理能力，准确的语音转文本翻译也是一个非常艰巨的计算机科学难题，而我们在这些方面才刚刚开始取得一些进展。换句话说，即使 IBM 距离构建一个像样的原型还差着十万八千里，它也仍然需要有东西可以验证有关其目标市场的一个关键假说。对此，IBM 的研究员提出了一个绝妙的方案。

05 预型工具，让你快速检验创意的成功率

他们搭建了一台模拟工作站，配备一个机箱、一台显示器和一个麦克风，但没有键盘。他们告诉几位潜在的客户说他们有一台革命性的语音转文本计算机的原型机。然后，他们给准客户提供了一些基本操作说明，并邀请他们使用这项新发明。人们满怀疑虑但又很激动地拿起麦克风开始说话："亲爱的琼斯先生，谨此回复您的来信……"仅仅几秒钟的延迟后，信件的文本就出现在了显示器上（见图5-1）。

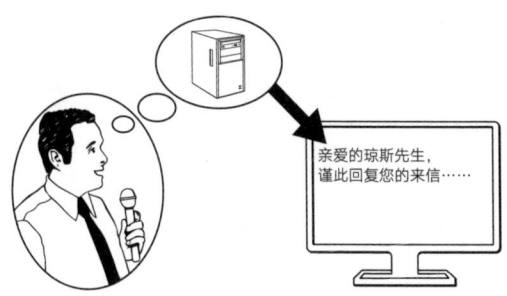

图 5-1 用户以为的语音转文本机器的工作原理

所有用户都很震惊，并且不敢相信这是真的，但它确实就这样发生了。然而，实际上根本就不存在这样一台语音转文本的机器，连原型也没有，这的确是一个非常聪明的试验。房间里的机箱其实是一个"傀儡"。在隔壁房间里，有一名熟练的打字员正在倾听麦克风里用户的声音，然后还是采用老办法——用键盘把听到的话语和命令输入电脑。打字员在键盘上输入的内容都会显示在用户屏幕上，使得用户相信这就是一台真正的语音转文本机器的输出（见图5-2）。

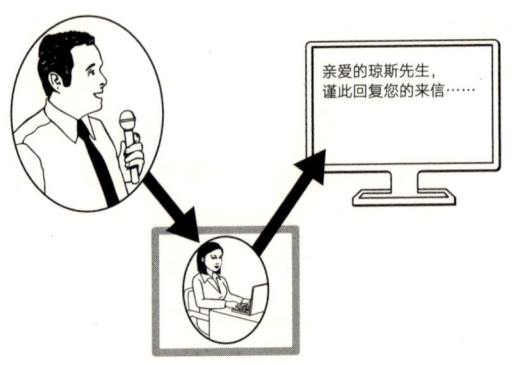

图 5-2　语音转文本机器实际的"工作原理"

　　IBM 从这个试验中学到了很多东西。大多数身处空想之地的人最初被这项"技术"震撼到的时候,都坚信自己会购买和使用这样一台语音转文本的计算机,但在使用该系统几个小时之后却改变了主意。即使由人类打字员模拟的这种方式快速且具有近乎完美的呈现效果,使用语音向计算机输入多行文本也是过于笨拙且存在多方面问题的。比如,说不了几个小时人的喉咙就痛了,另外,说这么多的话也会使得工作环境变得很嘈杂,而且这种方法也不适合输入机密信息。

　　IBM 的这个创意的确挺巧妙的,但我们该如何评价它呢?配备打字员的语音转文本装置并不是一个很合适的原型,除非有人打算创造一种微型打字员塞进电脑机箱里,然后通过软盘驱动器卡槽"喂"他们奶酪和饼干。IBM 并没有一个语音转文本系统的原型,它只是假装有这样一个原型。

05
预型工具，让你快速检验创意的成功率

而且它需要伪装，因为一旦测试用户知道或是怀疑接收语音的是人而不是电脑，他们的行为表现就会大为不同。

第一次听说这个故事时，我的第一反应是："为什么以前没人告诉过我这样的事？"跟大多数人一样，我花了很长时间研究后来被证明是"错误的它"的项目和产品。我们会先构建一些原型，但目标是试试看我们能否把产品构建出来，我们一直在假设"只要我们建成了，用户就会被吸引过来"。我们通常会在那些原型上投入大量的时间和金钱，而且一旦你已经投入了那么多的时间和金钱去开发，即使市场的反响很负面，你也很难做出退出的决定。你会更倾向于继续前进、为产品增加新功能、做些小调整，并希望情况会有所好转。可以看到，这是一个代价高昂且有风险的过程。

预型，低成本假装拥有一个原型

作为一名工程师，想到某个新技术的原型时，我会想象出一个临时拼凑起来的、尚不成熟的版本。而 IBM 的做法让我震惊，它跟我们通常说到原型时的理解相去甚远。我想到的第一个词语是"假型①"。我觉得这个词很合适，因为 IBM 团队离做出像样的原型还有很大的差距，他们只是在假装拥有一个原型。

---

① 原文"pretendotype"，由 pretend（假装）和 -otype（原型对应的英文单词的后半部分）组合而成。——译者注

但是，尽管"假型"这个词很有画面感，但写下来或说出来都不怎么方便，所以我将其简化为"pretotype"（预型）。这个词对我来说很好用，因为前缀"pre"表明了它先于其他一些事物发生。这意味着，预型方法先于原型方法进行，而名词预型则描述了先于原型出现的一种特定的工具或技术。因此，预型方法结合了"先出现"和"假装"这两个关键要素。

多年来，我通过多个社交平台上的恶意推文和尖锐批评了解到，有些人真的非常讨厌预型这个词。他们认为原型一词已经覆盖了所有方面，因而无须创造新词汇。我认同他们的前提，但不同意他们的结论。原型的确涵盖了所有方面，但这正是问题所在！原型这个术语太过笼统了，它可以指代任何事物。按照目前的用法，从5分钱的回形针、皮筋、弹弓到某创意价值500万美元的可用版本都可以是原型。原型这个词可以用于很多种情况，比如描述5分钟的试验和描述涵盖数百人的历时5年的项目，这些情况我都见过。

> **创意的关键思考**
> **THE RIGHT IT**
>
> **预型（pretotype）**：在预型方法中使用到的一种特定的工具或技术。比如，土耳其机器人预型、匹诺曹预型、假门预型、假面预型、YouTube 预型、一夜情预型、潜入者预型和改标签预型。

此外，原型和预型的功用也有所不同。原型主要是用于测试某一产品或服务的创意是否可以构建、应该如何构建、如何（以及是否能够）运作、最佳规格或外形是什么等等；而预型则主要用于在第一时间快速且低成本地验证一个创意是否值得继续跟进。既然两者有着不同的目标，那么，我们最好是用一组不同的技术来实现它，同时使用它专属的词汇表。事实上，在本书的其余部分，我将不仅使用预型这个词，还会给不同的预型赋予独一无二的名称。真的有必要创造这样一个新的名词系统吗？我认为有必要，下面我来讲述其中的原因。

> **创意的关键思考**
> THE RIGHT IT
>
> **预型方法**（pretotyping）：运用一组工具和技术尽可能快速且低成本地收集与新产品创意相关的新鲜、可靠和相关的市场数据的方法。预型方法的目标是帮助我们先确认我们正在构建的是"正确的它"，然后再帮助我们着手把它构建正确。

你可以想一想，我们是否有必要为不同种类的昆虫命名？毕竟虫子就是虫子。又如意大利面，有意式细面条、意式特细面条、意式扁面条、意式宽面条、意式细条通心粉、意式手指面等。这些不同种类的意大利面之间有什么区别吗？毕竟意大利面就是意大利面。我们是否应该去告诫这些意大利面生产厂商不要分成那么多种类，都把人搞糊涂了？

再如，我们真的需要那么多名字来命名那么多种类型的疾病吗？我们真的需要区分感冒和流感、一种感染和另一种感染、胃痛和阑尾炎、食物中毒和辐射中毒、一种处方药和另一种处方药吗？毕竟，生病就是生病，而药品就是药品。

在很多领域中，正确的术语可以帮助我们更有效、更准确地进行工作和沟通。更重要的是，正确的术语能够帮助我们设定合理的期望，还会影响我们处理问题的方式。尽管看起来一条河流和一条小溪都是流动的水体，但我为跨越河流和跨越小溪所做的准备和所采取的方式是不同的。同样，6个月的时间和30万美元的预算并未超出原型的常规范围，但它却彻底突破了预型的底线，因为正如我们将看到的，预型这个词暗含着"时间按小时或者最多按天计算，而预算极少超过数百美元"这样的意思。

如果你仍然不确定是否需要新术语，那也没什么，我希望这不会阻碍你继续阅读和应用我将要介绍的工具和战术。如果你觉得有必要，请随意将预型替换为原型。但我还是建议你保持开放的心态，因为我相信，只要你给它一个机会，你就会发现使用更精确的术语所带来的好处是完全值得的。

2009年还在谷歌工作的时候，我就开始向工程和产品管理部门的同事们解释预型方法和预型这两个术语。令我惊讶的是，几乎所有人都觉得这种方式不仅有趣，还适用于大多数项目，而且用在避免投资"错误的它"方面可能会非常有效。事实上，很多人在听我讲完IBM的语音转文本案例后都说了类似这样的话："我们真希望在上一个失败项目中我们也这样做过，那会节省我们大量的时间、金钱。"从那时起，我就决定试试看能否发掘出其他的预型案例。

寻找预型，提前发现我们构建的是"错误的它"

当你把思想聚焦于某一事物时，你会开始看到身边到处都是它的身影，这种现象很多人都会感同身受。例如，如果你正在考虑购买一辆大众敞篷汽车，你会开始发现路上到处都是大众敞篷汽车。我关于预型方法也发生了类似的情况。在听完IBM语音转文本的故事并想出预型方法这个术语后，我开始留意和收集类似IBM案例的可以算作预型方法的技术轶事和案例。

此外，我还开始研究和收集那些各种预测都很乐观但却在市场上失败的新产品创意的事例。我从中剔除了那些可能是因为执行不力而失败的创意，这样就只剩下一系列执行良好但依然失败的案例。这些创意都不是因为上市或运营方面执行不力而失败，而是因创意的前提并不存在而失败，也就是说这些创意是"错误的它"。这不仅是最常见的失败场景，也是最昂贵和最痛苦的一种失败：我们努力奋斗把它构建正确，最终却发现我们所构建的是"错误的它"。

在痛苦失败的清单上有我自己的、朋友和同事的以及在商业文章和新闻中报道过的失败案例。研究市场失败的好处之一就是永远不会缺少案例。花费几个星期的时间寻找预型和市场失败的案例之后，我有了一个预型技术的短名单和因"错误的它"而失败的长名单。事情自此开始变得非常有趣。

我针对那些失败逐个询问如下问题：这个市场失败是否可以通过一种或多种预型来避免？换句话说，我们有没有可能通过应用一些有创意的预型使我们在陷入太深之前就能发现某一产品的前提是错误的，即该产品是"错误的它"？

几乎所有情况下的答案都是清晰有力的"是的"！大多数痛苦而昂贵的失败都可以通过精心计划并执行的预型试验轻松地规避掉。没有任何方法或工具集能给你 100% 成功的保证，但只要使用得当，预型工具可以帮助你判断一个创意是"正确的它"还是"错误的它"，这远比任何以空想之地为基础的市场研究方法更快也更可靠。

你或许觉得这听起来非常美好，我最初的反应也是如此。我天生就是怀疑论者，多年来，通过使用、辅导和教授这些工具和技术，我已经很确信它们是有效的。但请别完全相信我，毕竟，我也是有个人偏见的，而且我的经验即使再好也只是 OPD，如果差的话则是街头轶事，这两种都是我警告过你不要依赖的数据。所以，别轻易相信我，你要去检验！说服自己接受预型的逻辑和威力的最佳方式就是亲身体验它。所以，抓紧去获取 YODA 吧。

接下来，我将向你介绍预型技术，我们可以独立使用也可以组合使用以收集有助于验证新产品创意的有价值的 YODA。如果你有过因一款新产品因为不是"正确的它"而在市场上遭受失败的经历，你或许还能发现一些能够避免那种失败的技术。

土耳其机器人预型，让你免去一场极可能的失败

名为土耳其机器人的国际象棋下棋机器因在 18 世纪末期进行的世界巡演而出名，土耳其机器人预型的名字就来源于此。由于受到了诱导，人们相信土耳其机器人是被编程用于下棋的一款机械化装置（自动机），然而，事实上那个盒子里装着的是一名小个子的国际象棋专家，通过操作人体模型来做出动作（见图 5-3）。

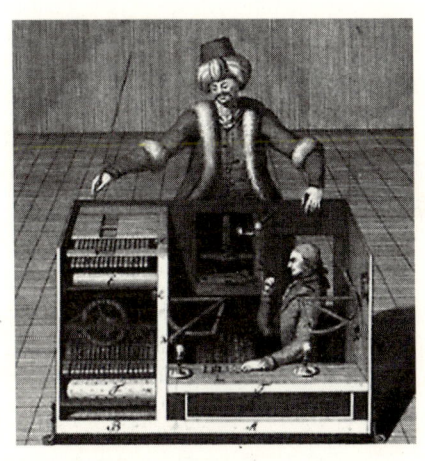

图 5-3　土耳其机器人图示

土耳其机器人预型非常适合的一种情形是：将昂贵、复杂且尚未开发出来的技术替换为使用隐藏人员来执行该高端科技的既定功能。

这是不是听起来有点儿熟悉？实际上，我在本章一开始介绍的 IBM 的语音转文本试验就是土耳其机器人预型的一个绝佳实战案例。开发出一款足够好的语音转文本引擎需要好几年的时间和大量的资金投入。然而，只需要让一名人类打字员像棋手隐藏在土耳其机器人里那样隐藏在隔壁房间里，IBM 就能很容易地模拟出那种复杂的功能，并收集其所需的 YODA。

我们再来看另一个使用土耳其机器人预型来帮助我们检验一个创意是否可行的例子。

创意实践

你会为自动叠衣服务付 2 美元吗？

大多数投币洗衣店都配备有洗衣机和烘干机。在烘干周期结束时，我们需要先将绞缠在一起的衣服分开，然后才能把它们折叠起来。你可能会想：汽车都能自动驾驶了，为什么我们还需要手动叠衣服？如果有一台衣物折叠机来搞定这最后一步，岂不妙哉？

05
预型工具,让你快速检验创意的成功率

发明家伊万相信自己可以造出这样一台机器,而且他还认为只要将这样的机器以收取固定月租加单次使用费的方式租给投币洗衣店,他就能够躺在衣服堆上赚钱了。万事俱备,只欠 5 万美元和大约 6 个月时间把这个概念原型做出来。然而伊万并没有这笔钱,因为他上次创业的发明"RoboDogWalker"(遛狗机器人)的销售不如预期。正好他的朋友安杰拉是一位天使投资人,于是,伊万向安杰拉提议以他新公司 Fold4U 的 25% 股权换取她 5 万美元的投资。

安杰拉对伊万的技术实力很有信心。她知道伊万说到做到,但她对伊万的商业模式和 Fold4U 的财务数据的预测不是很有信心。伊万计划的前提是,大多数投币洗衣机顾客会愿意为了折叠衣物而额外支付 2～3 美元。

当安杰拉对伊万的市场参与假说表示怀疑时,伊万开始变得很抵触,并解释道:"这不是假说,安杰拉。我已经做过了市场研究,我采访了 632 名洗衣机用户,就在他们叠衣服的时候,其中 421 人告诉我他们讨厌叠衣服,如果真有一台机器可以代劳,他们非常乐意再多付几美元。"

"那岂不是和你为 RoboDogWalker 所做的那种

调查一样?"安杰拉问道。

伊万的脸涨得通红。他回应说:"安杰拉,如果你没有兴趣投资 Fold4U,直接告诉我就好了,没有必要羞辱我。我知道 RoboDogWalker 失败了,但这次的创意更好、风险更低,而且这两者属于完全不同的市场。"

安杰拉回复说:"事实上,我挺感兴趣的。我能够看到 Fold4U 的潜力,但在投入 5 万美元制作原型之前,我需要更强有力的证据,证明那些声称愿意为此服务付费的投币洗衣店顾客们真的会为你的创意掏腰包。我想要切实地看到那些人把他们的衣服放到机器里面去并为之付费。"

"我要这笔钱就是为了制作原型啊!如果我们都没有一台可用的机器,又怎么检验人们是否愿意为 Fold4U 付费呢?"伊万回应道。

在你继续往下阅读之前,请花费几分钟时间思考一下,如果你是安杰拉你会如何回复伊万?你会把 5 万美元投资给伊万吗?你可以试一试如何使用一个土耳其机器人预型来验证伊万的 MEH?

我希望你尝试了这个练习。如果你已经练习了,你可以把自己的答案跟下文将要讲到的安杰拉和伊万的答案进行比较。

安杰拉跟伊万分享了 IBM 语音转文本的故事。她讲完的时候，伊万的脸还是红的，但原因却有所不同了，他的恼怒转变成了兴奋，并说道："IBM 的那些人真是太聪明了。我觉得我们也可以用这个'速型'（prontotyping）来测试 Fold4U。"

"它叫预型，"安杰拉边笑边说，"但考虑到它能快速得到你要的结果，'速型'这个名字也不错。"

稍做讨论之后，伊万和安杰拉提出了如下的 XYZ 假说：

> **XYZ 假说：** 至少 50% 的投币洗衣店顾客会为每批衣物的折叠服务支付 2～4 美元。

随后他们再通过缩进假说，确定了可以先进行测试的 xyz 假说：

> **xyz 假说：** 在伦尼（一位当地投币洗衣店店主）的投币洗衣店，至少 50% 的顾客会选择把他们的衣物放进 Fold4U，并支付 2 美元的叠衣费用。

接着，伊万会见了伦尼，向他介绍了 Fold4U 创意，并掏出支付 200 美元让他在店里进行一次预型试验。伦尼接受了这笔交易，因为他也跟伊万一样对这个创意感到兴奋,他还同意帮助伊万准备和执行这个试验。他甚至还拿了一台破旧的干衣机给伊万使用,这可是进行试验的绝佳道具。

伊万把这台干衣机的滚筒改造成了背后有个暗门的隔层。这样一来,等人们把衣服放进机器中并支付完费用后,伊万就可以打开这个暗门,把衣服拿出来用手折好再放回去。为了让这一流程显得更逼真,伊万还专门录制了一段机械噪声,在他折叠衣服时播放。在折叠好衣物时,他会敲响机器里的一个小铜铃,提醒顾客衣服已经折叠好了。

预型效果非常好,甚至没有一位用户起过疑心,他们都相信自己的衣服是由某种机器人折叠好的。然而,尽管伦尼投币洗衣店的顾客们大多数都对新机器很感兴趣,但真正使用的人却很少。而且很多人都承认自己是出于好奇才尝试使用这种机器的。因此可以说,这个初期预型试验远没有达到预期的效果:

XYZ 假说:伦尼投币洗衣店至少 50% 的顾客会把他们的衣物放进 Fold4U 并支付 2 美元的叠衣费用。

YODA:伦尼投币洗衣店有 12% 的顾客支付了 2 美元购买 Fold4U 的叠衣服务。

为了保险起见,接下来的两个星期,伊万在不同投币洗衣店以不同价格又进行了几次试验。遗憾的是,即使把价格降低至 1 美元,这项服务也几乎无人问津。在空想之地,人们表示他们愿意支付 2～4 美元购买此项服务,但当到了需要掏出真金白银的时候,却是应者寥寥。

这是否意味着 Fold4U 就完全没有机会了?倒也不全是。伊万的计划及商业模式的基础是 50% 或更多的洗投币洗衣店顾客愿意为此机器付费,然而实际数据连 15% 都不到,如果他还想说服安杰拉等投资人支持他的话,那就必须大幅修改假设条件。

看来 Fold4U 并不是"正确的它",伊万或许会对此有些失望,但他同时也松了一口气,因为他不需要再像 RoboDogWalker 那样为之浪费两年时间和一大笔钱才能得到教训。

"谢谢你,预型!"伊万在心中默念道。

探讨了这么多失败的案例之后,你是否希望偶尔也能看到一个拥有圆满结局的案例?可以说,伊万避免了再次经历 RoboDogWalker 那样的商业灾难就已经是一个圆满的结局了,此外,还可以有下面这种结局。

可选结局:伦尼投币洗衣店里的新机器吸引了很多顾客排着队要使用它。新的 Fold4U 变得颇有震撼力。

每次看到一批折叠好的衣服从机器里送出来，人们都会鼓掌庆祝，每个人都想要看一看、用一用这台新机器。当然了，实际上折叠衣服的并不是机器，而是可怜的伊万。第二天，在他叠衣服叠到手都快要断掉的时候，他结束了试验，并给预型机挂上了一个"故障"标志，然后就去找安杰拉了。这一次，他拿给安杰拉的不再是关于空想之地的调查报告，而是新鲜的 YODA。

> **xyz 假设：** 伦尼投币洗衣店至少 50% 的顾客会把他们的衣物放进 Fold4U 并支付 2 美元的叠衣费用。

> **YODA：** 伦尼投币洗衣店的顾客有 78% 支付了 2 美元购买 Fold4U 的叠衣服务。

安杰拉非常兴奋，为了确保这么出色的成绩不是偶然发生的，她和伊万同意聘请兼职助理来帮助折叠衣物以便进行更多试验。随着新鲜感慢慢消散，市场参与度也有所下降，事实证明，人们想要了解机器如何运转的兴趣远超过定期使用它。但平均的市场参与度——把衣服烘干后还支付了费用让 Fold4U 来折叠的投币洗衣店的顾客数量尚且维持在 62% 的健康水平，这一数字是对伊万的 xyz 假说中"50% 或以上"这一预测的极大肯定。

人们表示自己会为此项服务付费，而在真的需要投

05 预型工具,让你快速检验创意的成功率

入真金白银的时候,他们也确实做到了,在这种情况下,YODA 与 OPD 相吻合。它就这样发生了,只是并不像我们想象的那样频繁,也正因如此我们才需要测试这些创意。

安杰拉决定投资 Fold4U,而且运用通过预型获得的让人印象深刻的 YODA,伊万提高了公司估值并找到了更多的投资人。不仅如此,当需要将 Fold4U 推向市场并进行正式发售的事后,伊万可以向投币洗衣店店主们提供一个非常诱人的商业提案:"我们的数据表明,超过 60% 的客户都会愿意为衣物折叠服务额外支付 2～4 美元。这会让你们的总收入和利润增长至少 20%。"于是,洗衣店店主们纷纷与伊万签约。

正如这两个不同结局所展现的,投入一点儿时间和资源给创意做个预型是一种双赢的战术,且一般会有如下两种可能的结果:

- 如果试验得到的 YODA 未能证实你的假说,预型可以拯救你免于遭受一场极可能出现的失败。

- 如果 YODA 确认了你的假说,你将会处在一个更有利于招募合伙人、稳固投资人以及吸引潜在客户的位置。

每个创意都应该被预型化,每个创意也都有至少一种预型,接下来让我们一起来探索更多类别的预型技术。

匹诺曹预型,假装不是欺骗自己

匹诺曹预型是基于备受喜爱的漫画人物匹诺曹而命名的,它是一个梦想变成真正的人类男孩的木偶。了解了启发我想法的案例之后,你就理解我为什么会选择这个名字了。

> **创意实践**
>
> **当你没有一件产品的时候,先假装拥有了它**
>
> 20世纪90年代中期,才华横溢的发明家和企业家杰夫·霍金斯(Jeff Hawkins)提出了一个有关个人数字助理(PDA)的创意,而它最终变成了PalmPilot(见图5-4)。但打造这一创意的原型需要投入整整一个工程师团队,以及大量的时间和金钱,他在全力投入和投资打造这么昂贵的原型之前,想要先验证一下有关该设备的一些假说。他知道他可以做得出来,但他真的会使用吗?他会如何使用呢?又会多么频繁地使用呢?

05
预型工具，让你快速检验创意的成功率

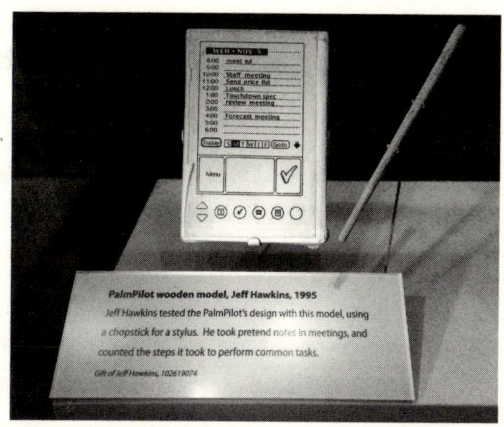

图 5-4　在美国加州山景城计算机历史博物馆展出的
PalmPilot 木制模型

他的办法是把一块木头雕刻成跟预期设备差不多的大小，把筷子削了做成写字笔，把纸张套上去模拟各种用户界面和功能。在之后的好几个星期里，他都随身携带着这块木头，假装它就是一个可用的设备，并借此深入了解它的使用方法。例如，如果有人要找他开会，他就会拿出这块木头来，在上面点点画画，假装在检查自己的日历以及设置会议提醒。

在这个预型的帮助下，霍金斯收集到了宝贵的 YODA。他了解到他实际上真的会随身携带这样一款设备，且主要使用如下 4 个功能：通讯录、日历、备忘录和任务清单。他的简单试验提供的 YODA 足以说明他是很愿意拥有一个这样的设备的。当然，他明白只有一个人的样本量是不足以判断其他人对这款 Pilot 的反应是否跟他一样的。他还需要进行更多的试验来调查更大的市场的情况。但该创意已经通过了重要的第一关：创始人认为自己的创意有用。这看似是一个微不足道的门槛，但其实有很多人并没有先确认自己是否会使用某款产品就将该产品推向了市场，这样的案例之多让人惊讶。

这个简单的木制预型所收集到的数据辅助指引并证明了投入更多资金开发一个真正的可用原型的合理性。PalmPilot 所做的不仅仅是让自己变得难以置信的成功，它还为智能手机的出现铺平了道路，以及为延续至今的大多数便携式电子设备确立了外形标准，即形状和尺寸。匹诺曹是梦想成为真正男孩的一个木制人偶，而 PalmPilot 预型则是霍金斯版梦想着成为真正男孩的那个木制 PDA。最终，两者的梦想都成真了。

PalmPilot 的故事除了是一个很好地展现了预型技术强大效用的示例之外，它还诠释了我一直强调的一些关键概念。以下是《时代周刊》杂志 1998 年 3 月刊上的报道。

霍金斯，40 岁，Palm 的首席科学家、Pilot 的发明者，在 10 年前设计了首批手持计算机之一 GRiDPad。这是工程上的奇迹之作，却是市场上的失败者，如霍

05 预型工具,让你快速检验创意的成功率

金斯所言,其失败的原因是它还是太大。他下定决心同样的错误绝对不犯两次,在同事们问他新设备应该有多小的时候,他说出了已经准备好的答案:"我们将尝试把它做到衬衣口袋那么大。"

回到自家车库,他削了一块木头,做成刚好可以放进衬衣口袋的大小。接下来好几个月,他就一直随身带着这块木头,假装它是一台电脑。如果你问霍金斯星期三是否有空共进午餐?那么他会拿出这块木头并在上面敲敲点点,仿佛在检查自己的行程表。如果是需要谁的电话号码,他就会装作是在这块木头上查找。时不时地,他还会把很多种按键的图案打印出来并粘在木头表面,以此模拟不同的设计界面。

这个故事体现了预型方法的核心动机和原则:

- 霍金斯投入了数年时间和百万资金,结果只获得了创造"工程上的奇迹之作,却是市场上的失败者"的 GRiDPad 的痛苦经验。

- 他意识到错误不在于把它做错了,而是选择了"错误的它",并许诺"同样的错误绝不犯两次"。换句话说,他对自己说了类似"下一次,先确保你在构建'正确的它',再动手去把它做正确"之类的话。

- 创建第一个预型的目的不是为了测试 PalmPilot 能不能做得出来,而是为了测试人们到底会如何使用以及多频繁地使用它,并通过收集第一手的 YODA 来指引真正的原型甚至是最终产品的设计决策(见图 5-5)。例如:

    1. 在一天中 95% 的时间里都把设备放在口袋里随身携带着。

    2. 平均每天取出该设备 12 次,并用于:安排约会,占比 55%;查找电话号码或地址,占比 25%;添加或检查待办事项,占比 15%;记录,占比 5%。

- 用他的想象力来假装填补模拟物所缺失的一些目标产品功能的使用场景。

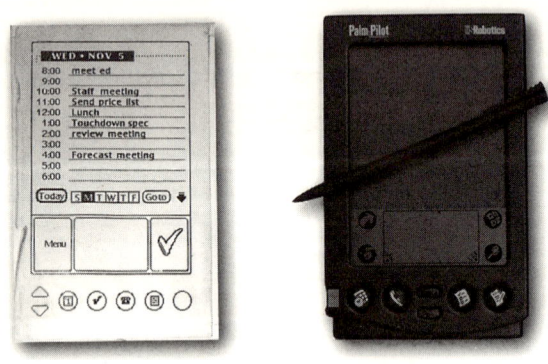

图 5-5 PalmPilot 的预型和最终产品

05
预型工具，让你快速检验创意的成功率

在创新方面，使用实体模型和无功能原型是相当常见的，但假装实体模型可以发挥作用并照此使用它们这种做法则是极为罕见的，尤其是像霍金斯所做的那样使用比较长的一段时间。记住，假装是预型方法的一个重要部分。

你说"速"，我说"预"

我们之前已经探讨过预型方法和原型方法之间的关键区别，而 PalmPilot 的故事则很好地诠释了其中一个关键区别。如图 5-6 就是听人提及"原型"一词时任何热血工程师都会在脑海中浮现出的景象。

图 5-6　美国加州山景城计算机历史博物馆展出的
PalmPilot 原型

身为热血工程师群体的一员,我也酷爱打造原型。我常常急切地想要打开我的示波器、加热电烙铁,但我知道,在投入大量时间打造可工作原型之前要先学会等待。

记住,原型的主要目的是解答类似如下的问题:

- 我们能把它做出来吗?
- 它能像预期那样运作吗?
- 我们能把它做得多小/多大/多便宜/多节能?

以上这些确实都是重要的问题,但经验和大量证据都告诉我们,大多数的情况下我们都能把它做出来,也能够让它按预期运作,我们甚至也能够优化它的大小、能效等。换句话说,我们要相信自己具有成功构造它并让它如预期运作的能力。

而预型的主要目的则是解答类似如下的问题:

- 我会不会使用它?
- 我会以什么方式、在什么时间使用它?使用频率如何?
- 其他人会购买它吗?

05 预型工具,让你快速检验创意的成功率

- 人们愿意支付多少钱来购买它?
- 人们会以什么方式、在什么时间使用它?使用频率如何?

针对以上这些问题的回答将帮助我们解答其中最为重要的问题:我们应该构建它吗?这方面一旦走偏,如下两个真实的匹诺曹预型的案例就是前车之鉴。

创意实践

如果给你一个智能喇叭,你自己会用吗?

汽车喇叭是司机用来跟其他司机沟通的一个工具。如果你跟大多数人是一样的,那你开车时必然已经以多种不同目的使用过喇叭。汽车喇叭的声响可以代表很多东西,比如:

"快走啊!"是说给绿灯亮起时没有起步的司机听的。

"谢谢你!"是说给双车道上为你让行的司机听的。

"嗨,鲍勃。"是说给偶遇驾车经过的朋友鲍勃听的……

智能喇叭是一款配备有 4 个按钮的喇叭，具备可编程功能，可以给喇叭声配上定制消息，这样你就不需要把头伸出车外大声叫喊了。例如，你可以编制"快走""谢谢你""你好""注意"等信息。

毫无疑问，这种喇叭是可以做出来的，但人们是否会使用、他们会如何使用以及使用频率如何呢？你可以参考霍金斯的做法，先给自己做一个预型，看看你自己会不会使用它。最简单的方式就是在方向盘上贴上 4 张贴纸，在贴纸上用不同的标签代表不同的喇叭声，就这样开上几个星期，假装这些贴纸就是智能喇叭的按钮。你或许会发现，虽然这个创意听起来很诱人，但让汽车冲着一群穿着皮衣的摩托车手吼叫"快走"可不是什么好主意。

如果你精通机械或电子技术，你可以把贴纸升级为可以记录你所按次数的按钮，这样一来你收集到的数据就能更加精确了。如果说服力更强一些的话，你或许还能打动你的家人和朋友们也跟你一起来使用这一创意。询问他们想要在智能喇叭上设置什么消息，再把贴纸贴在他们方向盘上，并请求他们记下实际使用这些按钮的频率。

05 预型工具,让你快速检验创意的成功率

创意实践

"HAL,明早5点叫我起床"

在我撰写此书时,亚马逊 Echo、谷歌 Home 和苹果 HomePod 之类的智能音箱是当下炙手可热、竞争激烈的一个新科技产品类别。我无法预测智能音箱在市场上会取得多大的成就,但早在首个智能音箱问世之前好几年,当听说这类设备正在开发中时,我就已经信心满满地预测我会至少购买3个。我是依据匹诺曹预型做出这一预测的。

我拿出一个斑豆罐子,并在表面贴上黑色纸胶带,这样看起来会更有高科技范儿。我给这个匹诺曹预型取名为"HAL"——取自电影《2001:太空漫游》(*2001: A Space Odyssey*)里的 HAL9000 型电脑,把它放在客厅咖啡桌上,开始假装 HAL 是正常运转的(见图5-7)。我会对它说:

"HAL,今天天气如何?"

"HAL,记得提醒我1小时后给我妈打电话。"

"HAL,播放齐柏林飞艇乐队的音乐。"

"HAL,明早5点叫我起床。"

图 5-7 作者的豆子罐预型(左)
与亚马逊的 Alexa 音箱(右)

当然了,豆子罐肯定不会回应我的命令,我只是假装它会执行我的请求,就已经提供了有关我会在哪里、如何以及多频繁使用这类设备的宝贵 YODA 和洞见。例如,我知道我至少想要 3 个这种设备,分别放在客厅、卧室、书房。跟预型"互动"几天之后,我发现,除了音量按钮之外,我还想要一个"停止收听"按钮,因为万一这个预型听到了我的私密对话就不好了。另外,我认为麦克风最好要有一定的灵敏度区间,既可以收到轻言细语说出的命令,也可以辨别微小的耳语声,我可不想在凌晨 5 点的时候对着它大声吼叫"HAL,今天早上会下雨吗?",那样绝对会把全家人都吵醒的。

一个星期后,我非常确信这样一款设备绝对是我的"正确的它",也非常有可能成为数百万人的"正确的它",从而取得市场成功。2015 年,亚马逊推出了 Echo 音箱,我是首批购买者之一。见到 Echo 的庐山真面目时,我不禁笑了,因为它与我的斑豆罐预型可真是太相似了。

假门预型,看看谁会敲响你的"正门"

假门预型这个名字由杰丝·李(Jess Lee)友情提供,她当时是社区购物网站 Polyvore 的 CEO 兼联合创始人。

假门预型的基本内涵是,你可以设置一个"正门",比如广告、网站、宣传手册、实体店面等来假装产品或服务是存在的,以此收集数据来了解有多少人会对你的创意感兴趣,而实际上你当前还没有任何产品或服务可以提供。如果你的创意无法吸引足够多的人,那你就得回到绘图板旁重新审视你的创意和假说了。

凯文·凯利(Kevin Kelly)是畅销书作家和《连线》(Wired)杂志的创始人,在极具传奇色彩和影响力的职业生涯早期,他就使用了这种方式来验证他的首个创意—— 廉价旅游指南目录。在蒂莫西·费里斯(Timothy Ferriss)的 Tribe of Mentors 一书中,凯利是这样描述的:

我第一次创业只用了 200 美元。我购买了《滚石》(Rolling Stone)杂志的封底广告，宣传价值 1 美元的廉价旅游指南目录。然而，实际上并不存在什么目录，也没有任何书籍存货。如果没有拿到足够多订单，那我就把已收到的钱退回去，但这个广告最终确实起作用了。

用现在的眼光来看，刊登杂志封底广告的手段显得有些老套，但在 20 世纪 80 年代早期，这些较便宜的广告是小企业吸引目标用户的少数几种方式之一。

凯利为旅游指南目录进行市场试验的那段时间，我正忙于完成大学学业、学习计算机编程。1981 年，IBM 的个人电脑上市，我发现了一个难得的机会，我可以把我刚掌握的编程技能用于编写当时炙手可热的视频游戏。得到了父亲的 5 000 美元投资[1]之后，我买了一台 IBM 生产的首批个人电脑，并用它创办了我的第一家公司——只有一个人的视频游戏公司。

我给公司取名为"Heigen"，主要是我觉得这名字听起

---

[1] 那 5 000 美元对于当时我们家来说可是一笔巨款，相当于我们 6 个月的房租。而且，考虑到当时我的编程经验极为有限，经商经验为零，这事做得很蠢。我整夜睡不着觉，就怕还不起父亲借给我的钱。幸运的是，后来所有问题都解决了。

来很霸气。我做的游戏都挺成功的，尤其是 Ramsak，它是一款类似于《吃豆人》(Pac-Man)的比较粗糙的游戏，但 BitBat 或 XO-Fighter 等其他游戏的销售业绩就很让人失望了。我不像凯利那样有远见卓识，没有在投入两三个月时间进行开发之前先投入几百美元去检验市场对每款游戏的兴趣。当时我没有意识到，但事后回想时，我发现那就是我跟市场失败律的第一次接触，要先确保选中"正确的它"再着手把它构建正确这一顺序的重要性也在这一事件中体现出来了。如果我当时知道有假门预型技术的话，我肯定会换一种处理方式的。

在直接开发涵盖多个级别的完整游戏之前，我会先为几款有意向的游戏创作一些静态截图和概述性文字，然后我会把那些截图拼起来做成广告，并向公众宣传游戏即将发布。广告可以提供一封已经预先填好地址、贴好邮票的信件（那时候还没有电子邮件），只要寄回给我就可以拿到 5 美元折扣券，游戏上市时也能收到通知。比如，我正在考虑从如下 4 个创意中挑选一款游戏进行开发：

- 《迷失比特大陆》(Lost in Bitland)：带谜题的迷宫探险。

- 《数字金刚》(Digi Kong)：从一只巨型猴子手里偷香蕉。

- 《像素赛车》(Pixel Racer)：一款赛车游戏。

- 《绦虫》(*Tapeworm*)：我还是不介绍了，因为没什么人关注。

每款游戏我都会制作和发布相似的广告，然后等上几个星期就可以比较结果如何了，在前互联网时代确实需要这么长的时间。最终结果如表 5-1 所示：

表 5-1　4 款游戏的实际表现

游戏	响应数量
《迷失比特大陆》	127
《数字金刚》	15
《像素赛车》	255
《绦虫》	3

虽然我也很喜欢《绦虫》，但数据胜过意见，所以，我将先全力开发《像素赛车》，把《迷失比特大陆》排到第二，并取消《数字金刚》和《绦虫》的研发计划。同时，我还会再选几本杂志多刊发些《像素赛车》的广告，因为数据表明那些广告会产生强烈的反响，值得投资。

由于我的编程速度很快，两三个月之后，对《像素赛车》和《迷失比特大陆》感兴趣的人们收到了邮件，其中包括 5 美元优惠券，以及《像素赛车》已经上市且支持购买、《迷失比特大陆》再过几个月就将发布的消息通知。对其他两款游戏感兴趣的用户怎么办？我会给他们发邮件，解释说我们将不会发行《数字金刚》和《绦虫》两款游戏，但会免费赠送一份《像素赛车》作为补偿。

我想象得到这项技术的取巧之处会让很多人感到为难，我也常常对这项技术感到为难。假门预型既是我最钟爱的技术，也是我有些排斥的技术：最钟爱是因为它太有效了；而排斥的理由是其中含有蒙骗的成分。因此，我们不应将此策略用于某些特定产品类别，例如医疗设备或服务，并且在使用这项技术时需要密切留意并考虑到所有类型产品及服务的道德问题。

我建议对"敲门"的人大方点。也就是说对那些给你提供YODA的人们，你要给予他们一些有价值的东西作为回报，这样你就能实现双赢，正如我在此案例中所做的那样。你可以这样想：

- 对《像素赛车》和《迷失比特大陆》感兴趣的人们赢了，因为他们将会得到他们想要的游戏，以及5美元的折扣。

- 对《数字金刚》和《绦虫》感兴趣的人们虽然无法得到这两款游戏，但他们仍然赢了，因为我会免费送他们一份其他游戏。我觉得对于他们大多数人来说，免费得到一款价值 29.95 美元的新游戏的惊喜绝对足以弥补没有《绦虫》游戏可以玩的遗憾，可能还绰绰有余。

- 我也赢了，不用浪费时间和金钱去创作和宣传没有足够多的人感兴趣的游戏。

有趣的事实是：我其实对玩电脑游戏没有多大兴趣，但我真的很享受设计和开发电脑游戏的过程。然而，虽然销售情况还不错，大学毕业后我还是结束了我的电脑游戏业务。为什么？因为我的父亲（也是我的投资人）曾经说过："电脑游戏只是一时的潮流。留在这一行，我们永远也无法做成大生意。接下来我们要编写的应该是某种商业应用程序才对。"

因此，我本来有可能"开发"出《超级马里奥》（Super Mario）的，但结果我却开发了一款鲜为人知的名为"Super-mailer"（超级邮递员）的邮件列表管理器。事实证明，我父亲的判断是错的，如今视频游戏行业比电影或音乐行业的市场都要更大，还有好几家价值数十亿美元的游戏企业。

接下来，让我们继续看几个假门预型的实战案例，先从一个实际的案例开始。

05
预型工具,让你快速检验创意的成功率

创意实践

安东尼娅的古董书店

想象在凄凉的 12 月里的某一天,你满身疲倦地走在闹市街头,路过的一扇门上贴着告示,你看得出这是一家新开张的古董书店(见图 5-8)。

图 5-8 安东尼娅古董书店的门面

作为书迷,你几乎无法控制自己内心的喜悦。说不定书店里有你最爱的作家之一爱伦·坡(Allan Poe)某本著作的第一版。于是,你满怀着憧憬轻轻地敲了敲门,没有回应,你又敲了敲门,还是没有回应,而且没有任何门后有人的迹象。你自言自语道:"店主一定是在睡觉,要么就是没有听见我敲门。"带着些许失望,你走开了。

然而,你没有意识到的是:其实你刚刚是参与了一次假门预型,并给安东尼娅提供了一些有价值的YODA。

安东尼娅目前正考虑辞去图书编辑的工作,在社区开一家古董书店,但目前你敲的那个门的背后并没有任何一本书,当然那里也并非一家真正意义上的书店。事实上,那扇门的背后除了一块空置地产,什么也没有。安东尼娅没有那么多钱来开展传统书店常进行的市场研究,但她有自己的市场参与假说,如果在正确的街道开设书店并贴上大号招牌进行宣传,那么应该会有很多人在路过时会发现它,随后靠口碑营销就可以了。

她判断:若想让这个计划生效,那么每天路过的行人里至少需要有 0.5% 的行人表现出足够的兴趣想要拜访这家商店。在决定投入大笔资金进行租赁店面、购买库存、招聘员工之前,她想要先验证这个假说。于是,她花了 20 美元制作标牌、2 美元买了双面胶,并投入了几个小时的时间,在她认为能带来所需人流量的不同街道和地点来测试这些标志。贴好标牌后,她就在马路对面坐了下来,并对如下信息进行记录:

- 有多少人从门前经过?

- 其中有多少人注意到了这个标志？
- 其中又有多少人停下来敲门了？
- 他们敲了多少次门（敲越多次，必然是越感兴趣）？
- 每个敲门人的年龄、性别和其他相关特征。例如，衣着讲究的中年职业男性，女大学生？

工作日和周末她都进行了试验，以此观察人流量的数量和构成是否会变化以及有什么变化。

几天后，安东尼娅已经收集了大量优质的 YODA。然而遗憾的是，这些数据并不支持她的市场参与假说，差得远了。在其中一个地点，她记录到有 4 000 多个行人经过却只有 3 个人敲门，也就是不到人流量的 0.1%。而在另一个地点，5 000 多人经过，一个敲门的人都没有。

这个结果让安东尼娅很失望，但她也感到很欣慰，因为能够这么快地收集到数据并检验自己的市场假说，而且只需要花很少的钱，也不需要辞掉本职工作。可以看到，预型使她避开了一个潜在的错误的商业决策。

这是否意味着安东尼娅需要放弃她的书店创意呢？不，目前还不是，但这确实意味着她不能够仅仅依靠门牌标志来吸引人们走进书店，她需要重新审视其市场参与假说，或许需要调整计划，至少在开始阶段要增加一点儿广告预算。她开始思考：尽管她很想开一家实体书店，但或许销售古董书籍的创意更适合在网上实现。在现实世界里，使用假门预型的效果又快又好，她好奇或许也可以在网上使用这种方法。她当然可以在网上使用，我们的下一个案例里的松鼠爱好者桑迪·沃森就是在网上应用了这种方法。

创意实践

一本叫《松鼠观察指南》的书

桑迪在考虑写一本她很感兴趣的松鼠观察方面的书，与业已流行的鸟类观察爱好很相似。桑迪知道大多数图书在市场上都很可能不怎么受欢迎，因此，在拿出几个月的宝贵时间用于在家写书之前，她想要评估一下人们对这样一本书是否感兴趣。线上版假门预型就是一种极为有效的方法。

首先，桑迪花费 10 美元购买了一个网站的域名。接着，她使用一款免费版自助网站设计工具创建了一个基础版网站。在网站的登录页面上，

05 预型工具,让你快速检验创意的成功率

有她的著作的实体模型展示、内容简介、作者简介以及一个写着"20美元立即购买"的按钮。人们在点击这个按钮时,会进入另一个网页,该网页显示的信息如下:

> **松鼠爱好者们:**
>
> 谢谢你们对《松鼠观察指南》的关注。
>
> 我正在努力写作这本书,但并未做好出版的准备。如果你想要预订本书的第一版,请在下方表格中录入你的电子邮箱。
>
> 本书出版后我会立即通知你。在此期间,请尽情享受松鼠观察吧,另外,别忘了打狂犬病疫苗!
>
> **桑迪(松鼠女孩)**

等这本书的假门网站上线之后,她需要想个办法让全世界的松鼠爱好者们都知道它才行。于是,她撰写了一个网络广告:

> 你喜欢跟踪松鼠吗?
>
> 登录我们的网站,只需20美元即可预订一本桑迪·沃森写的《松鼠观察指南》。

接着她又投资了60美元,用于在相关网站上购买

广告位，以及在人们进行与松鼠相关的搜索时展示的付费链接。

现在，她已经准备好收集YODA了。人们一点击广告，就会被导入她的网站，人们可以在网站上提交自己的电子邮箱，以便在《松鼠观察指南》出版时得到通知。执行这个假门预型只需花费100美元、几个小时的工作，虽然没有太多的技术技能，但却能够给桑迪提供无价的YODA。

例如，将用于广告开支的数额除以按钮的点击量，她就能算出用户获取成本（Customer Acquisition Cost, CAC）。如果广告费用为60美元，"20美元立即购买"按钮的点击有15次，她的CAC大概就是4美元——60美元除以15，这个结果不错，因为这意味着60美元广告支出将会带来300美元销售额。然而，如果只有很少的点击量，那么她或许就得重新审视她的营销手段（网站设计、广告措辞等）或市场参与假说了。不管是哪种情况，桑迪都能获得一些第一手的硬数据，而这可以帮助她决定要不要写这本书。

关于假门预型道德的更多论述

我想再多谈谈跟这种预型技术相关的潜在道德问题,因为我知道很多人都很关心这些事情,我自己也是。安东尼娅和桑迪为了搞清楚自己的创意是否属于"正确的它"而做的事情,在道德上是否错误?或至少是值得怀疑的?

如果你对安东尼娅和桑迪的行为进行详尽的哲学探讨不感兴趣,我们也有方法分析假门预型是否道德,那就是探讨安东尼娅和桑迪不用这个预型而是使用其他方法去评估她们的市场参与假说的可能场景。

由于没有使用假门预型来收集 YODA,安东尼娅决定走市场调查的路线。她带着记事本,走到了她打算开店的地方,并向行人们提出了如下问题:

- 你认为这条街上有必要开一家很棒的古董书店吗?
- 你会去逛这样一家书店吗?一年逛几次呢?
- 你觉得你一年会买多少本书?

安东尼娅的身体和记事本或许在某一个街角,但她的数据却来自另一个空间,来自一个满是创意和意见的世界,一个我们称之为空想之地的地方。

安东尼娅的基于空想之地的"研究"表明,她所设想的书店存在着巨大的需求。大多数人(77%)都表示他们会喜欢有一家古董书店,也会定期去买东西或给其他人买礼物。一位老妇人说:"旧书作为送给朋友的礼物显得又独特又贴心。而且我的朋友可多了,我每个月都得找你买些书才行。"有一名大学生说她每个月会花费大约100美元来购买书籍,而且会很期待有一家这样的书店。当然,并非所有人都这么热情和乐观,有几个人告诫她说当地另外几家书店已经因为生意惨淡而关门大吉,因此她不太可能会获得成功。但在整理数据、制定计划的时候,安东尼娅下意识地忽略了那些反对派的意见(证实性偏差)。

最终,她预测这样一家书店每月会有14 000美元的销售额。受此预测的鼓舞,她辞去了工作,贷款10万美元、签下3年租约、购买了一批旧书,并举行了盛大的开业典礼。然而6个月后,她举行了一个不怎么盛大的结业仪式。此时,她背负着超过10万美元的债务,还失去了工作……

同样,桑迪也不准备在户外观察松鼠们互相追逐嬉戏,而是决定直接写书,所依据的只是她的家人、朋友的意见,以及一名退休公园护林员所说的:"我认识的所有人都很喜欢松鼠,而且对它们超级感兴趣。"于是,她花了两年时间伏案写作,还投入了数千美元用于出版她的书。而现如今,她竭力避免进入车库,因为她受不了每次都要看见那 50 箱没有卖出去的书。

在这两种场景下,安东尼娅和桑迪都没有仰仗数据,而是听信了意见,因而成了市场失败律和空想之地假阳性的受害者。她们喝着霞多丽酒自饮自怜,好奇到底哪里出了错。

安东尼娅说:"我采访的那些人大都对书店充满了信心,也很兴奋。他们都去哪儿了?难道现在都没人买书了吗?"

"好吧,他们肯定不会买我的书了,"桑迪边说边给自己又倒了一杯酒。"我在那本松鼠书上花了那么多的时间和金钱,我不再想看见另一只啮齿动物了。"

现在,让我们再回想一下安东尼娅和桑迪使用假门预型的初始场景,安东尼娅只投入了 22 美元和几小时的时间。真正敲了"假门"的那几个人刚开始有些失望,但很快他们就会忘掉这件事,这并没有对他们真正产生什么影响。

在桑迪的案例里,相比于她为少数几个感兴趣的人写作出版书籍所要投入的时间、金钱和精力,那些点击了她为《松鼠观察指南》制作的"假门版"在线广告的少数人所化费的时间和遭受的不便则根本不值一提。

我希望你会认同,在安东尼娅和桑迪的案例里,第二种场景相比于第一种场景会导致更多的痛苦和更大的浪费。人们敲击或点击"假门"的几分钟时间浪费相比于安东尼娅和桑迪的潜在损失可谓是微不足道。

每年都有数百万人像安东尼娅和桑迪那样,启动了产品、服务和业务,结果却在市场上遭遇了失败。想一想所有那些无人需要的失败业务和产品给社会造成的损失。想一想数以百万计的未售出的产品,人们投入了大量的资金进行开发、生产、宣传和运输,结果这些产品却变成了"垃圾"。除非你是做破产处理或垃圾掩埋生意,否则你应该更希望像安东尼娅和桑迪那样的人好好工作或经营一家成功的企业,而不是背负债务或领取失业救济。

不仅如此,对假门所代表产品不感兴趣的人是不会去敲门或点击广告的,因此他们也不会遭受任何不便。在某种意义上来看,对于那些对创意感兴趣甚至可能希望书店或《松鼠观察指南》真实存在的人来说,敲击或点击假门所代表的产品就是在为她们的创意投票,因而这也提升了这些创意变成现实的概率。

列出了这么多理由,你或许能够理解为什么我说假门既是我最钟爱的技术也是我有些排斥的技术。我喜欢它执行起来又快又便宜,可以在几小时之内收集到真实数据,但我也对它所隐含的小欺骗感到不安。如果你也受此困扰,我提供如下两个方案给你。

第一个解决方案是,向敲击假门或点击购买按钮的那些人坦白并给予奖励。例如,当某人敲击了书店假门后,安东尼娅可以走到他面前,坦白她只是在进行测试,并为此道歉,甚至可以给这个人一张价值 10 美元的亚马逊购书券。桑迪的假门网站也可以做类似处理,对于那些点击购买按钮的人,桑迪可以赠送他们一份免费的单页版《松鼠观察指南》或其他较便宜的松鼠相关礼物。如果你决定使用假门预型,我建议你可以进行类似的处理,实现双赢:潜在客户得到了免费礼物,而你则毫无罪恶感地拿到了 YODA。

第二个解决方案是,使用假面预型,它是假门预型的一种变形,接下来我们就来看看假面预型的具体内容。

假面预型,你必须回应敲门者的需求

假面预型跟假门预型在如下方面有重要区别:当潜在客户敲门或点击购买按钮时,是会有人回应、有事情发生的,而且人们或许还真能得到他们想要的东西。接下来,我会用一个恰当的案例来介绍这种技术。

> **创意实践**

线上卖车之前，
你也可以不拥有一辆车

比尔·格罗斯（Bill Gross）是 IdeaLabs 的 CEO 和一位世界级发明家，在互联网时代到来之际，他畅想了在线汽车销售服务的愿景。

如今，这种网站我们早已见怪不怪，但在当时，它还是一个非常新颖的创意而且是否能取得市场成功还远无定论。在做出重大投资决策之前，甚至是都还没有购置一辆车之前，格罗斯先使用我们称之为假面预型的方法检验了这个创意。他的解释如下：

> 1999 年，我们成立了 CarsDirect。那时候，人们还在担心要不要在网上用信用卡，我就已经想要在网上卖车了！我们在星期三晚上上线了网站，星期四早上我就收到了 4 个订单。之后，我们迅速关闭了网站，因为我们需要到经销商店里购买 4 辆车，然后再亏本交付给这 4 位客户，但这也证明了我们的判断。直到那时候，我们才真正开始打造我们的公司和网站。
>
> 即使 CarsDirect 手头一辆车都没有，星期三晚

05
预型工具,让你快速检验创意的成功率

间上线的网站仍然算是一个假面预型而非假门。如果那是假门,那么在人们点击车辆照片和描述旁边的购买按钮时,他们应该会收到一条消息:对不起,你想要的这款车不再出售。

CarsDirect 网站上点击了购买按钮的前几位客户,很快就拿到了自己想要的汽车,而不是说一些对他们自愿参与市场研究试验表示抱歉的话。那格罗斯和他的团队得到了什么呢?最佳的创意验证形式:YODA 和大量的切身利益,而且是最重要的切身利益:4 张支票,每张都价值数千美元。

假面预型需要比假门多得多的资金和投入,那为什么你要选择它而不是选择更快、更便宜的假门呢?因为对于一些特定的创意和一些具体的情况,增加投资或许是值得的。首先,正如我已提及的,对于某些类型的产品和服务来说,使用假门预型可能是不道德的或者根本就是违法的,比如你谎称自己拥有某种可以治愈某种疾病的技术。其次,使用假面而非假门,你可以获得更多有关你潜在业务的信息。在上述案例中,比尔·格罗斯和他的团队不仅验证了人们对其服务的需求,即人们在网上购买汽车的意愿,在向他们第一批顾客实际交付车辆的过程中,他们还学会了销售所涉及的与后台处理流程相关的财务和法务文件。更不必说从几位客户那里得到的多张面值数千美元的支票了,对于潜在的投资人来说,它们可比一张记录了敲门或点击"购买"按钮人数的表格更有吸引力和说服力。

> **创意实践**
>
> ### 再议安东尼娅的古董书店

我们已经知道安东尼娅是如何用假门以最少的时间和金钱投入为她的书店制作预型的。如果她愿意再多投入一点点,来对她的市场和客户进行更多的了解,假面预型可以很好地帮到她。她可以像 CarsDirect 在网上所做的那样来制作她实体店的预型。

除了在某些空置的建筑或商店的门上贴标签之外,她还可以尝试把门后的建筑租几天时间,在书柜摆上她已有的书,前面再摆一张办公桌。当人们敲门进入店里时,她可以解释说她正在补充书籍库存。如果客户表达了他们对什么书感兴趣,那么她可以热情地帮助他们找到那些书。这样互动的情况大致如下:

一位潜在的客户打开了门,期望看到成排的书架上摆满数千本书,但却很

05 预型工具,让你快速检验创意的成功率

惊讶地发现只有几个书架,且只有安东尼娅一个人坐在办公桌前面对着一台电脑。

"你好,我以为这是一家书店。"客户说。

"哦,这里的确是一家书店,"安东尼娅面带微笑回答道。"或者说将会是一家书店,我们的书很快就会陆续到货。"

安东尼娅从办公桌后走了出来,跟仍有些困惑的潜在客户握了握手,她解释说:"我叫安东尼娅。我们的书店才刚刚起步,我们想先试试水,了解一下本社区的情况,但我们已经在营业了,请问你具体在找什么书?"

"我对斯多葛哲学很感兴趣,想看看你这里有没有这方面的有意思或很特别的书籍。"客户回应道。

"关于斯多葛主义,我记得有一本马可·奥勒留(Marcus Aurelius)的《沉思录》(*Meditations*),19世纪的译本,皮质精装版。但它并不便宜,要大约200美元。你需要我帮你查一下详细信息并下单吗?还是说你想要便宜一点的?"

"当然,如果不是很麻烦的话。不过只要书值得这个价格,我倒是不在乎花这些钱。"

"一点也不麻烦。对了,趁着等电脑搜索出结果的这点儿时间,我们可以聊聊你的书籍收藏吗?以书籍爱好者的身份。"

正如你所见,使用假面预型,安东尼娅可以收集到更多数据,而不只是敲门客户的数量。她可以了解到愿意进入书店的人流类型,他们所要寻找的书籍种类,以及他们能够接受的价格范围。

讲了这么多案例,你或许已经看出来了,我喜欢书,但我也喜欢电影和视频,不仅仅是为了学习和娱乐,也是为了预型方法,下一节我们将讲到这些内容。

YouTube 预型,大额投资前先进行一点测试

电影和视频的发明帮助我们想象和体验了尚不存在的事件、空间或设备,比如太空飞船、时间机器,它们也能够帮助我们假装,这使得电影和视频成了天然的预型工具。YouTube 预型技术可以利用电影和视频将尚未开发完成或尚未广泛使用的产品创意带入生活,你也就能使用 YouTube 或其他视频平

台或设备将它们分享给你的目标市场,进而收集市场对你的创意关注度的 YODA。

创意实践

谷歌眼镜探索者版

谷歌眼镜是一款光学头戴式显示器,外形看起来就是一副眼镜。除了直接在镜片上显示信息的能力之外,谷歌眼镜还配有一个摄像头,穿戴者可以隐秘地将所见所闻进行视频录制或视频广播。早在谷歌眼镜准备就绪之前,研发团队就先制作了一个视频用来展示通过谷歌眼镜能够看到的世界。毫无疑问这样一个有远见的(visionary)[①]概念必然会掀起一番热潮、吸引大量眼球,而且它还是谷歌出品,但这些预期真的会成为现实吗?会有足够多的人愿意投入真金白银购买一副谷歌眼镜吗?他们会如何使用?而且,更重要的是在最初那股极客追新的激动劲儿过去之后,他们还会继续使用这一产品吗?

[①] 此处作者使用了双关语,visionary 既指"有远见的",也指谷歌眼镜是可以看到很特别的景象。——编者注

果然，谷歌眼镜的介绍视频一发到 YouTube 上，就立刻引起了巨大反响。每个人都在谈论它，每个人都在预测谷歌眼镜将会如何极大地改变我们与世界交互的方式。然而这并不是什么有价值的数据，只是一大堆空想之地的意见和揣测。有多少人真的愿意掏出钞票来购买一副谷歌眼镜呢？而且，更重要的是，有多少人会经常使用？他们会用谷歌眼镜来做什么呢？

为了将待开发创意的视频转化为一个合格的预型，你必须利用它收集到比点赞或评论更多的东西。你必须想办法将视频转变成可以产出 YODA 的试验。

谷歌眼镜团队的做法是在视频演示最后提出了加入谷歌眼镜探索者计划的条件。要想获得探索者计划的资格，你得有不小的付出。首先，你需要表明你对谷歌眼镜感兴趣，方式是在 Twitter 上用"#IfIHadGlass"（如果我有了谷歌眼镜）这个主题标签发布消息，说明你如果拿到了谷歌眼镜会用它来做什么。比如，如果我有了谷歌眼镜，我会用它来办一场烹饪直播秀。

成千上万人发布了推文，讲述了他们对如何使用谷歌眼镜的畅想。审读了这些推文之后，谷歌眼镜团队从中选出了几千名推文作者，并告知他们已经通过审核可以参加探索者计划，他们需要做的是为谷歌眼镜支付 1 500 美元，并需前往谷歌位于旧金山、洛杉矶或纽

05
预型工具，让你快速检验创意的成功率

约的办公室学习安装方法和接受相关培训，且差旅费用自理。

那可是一笔很大的投资，不管是金钱还是时间，这都是相当大的切身利益。尽管如此，还是有很多人支付了费用、踏上了旅途、参加了培训，并最终带着属于自己的谷歌眼镜回家了。起初，探索者们非常兴奋，有些人甚至有点兴奋过了头。例如，有位知名技术博主对谷歌眼镜特别着迷，他甚至还发布了一张自己身处浴室戴着谷歌眼镜的照片。

然而，最初的这波热潮很快就被一股批判声和强烈的反对意见盖过。或许是出于嫉妒，或许是因为他们可以秘密录制视频这一事实，谷歌眼镜佩戴者们很快从人们的关注焦点变成了人们眼中的"眼镜浑球"，很多酒吧和餐馆都禁止穿戴谷歌眼镜入内。而且，最糟糕的是最初的兴奋期结束之后，大多数谷歌眼镜探索者都不再佩戴谷歌眼镜。

尽管谷歌眼镜展示出了在某些领域应用的潜力，但它没有达到谷歌最初的期望值，因而这一项目最终也被取消了。该创意或许能够以其他形式或在其他市场上得以重现，但即使排除掉初期的夸大宣传，这项技术的这个特定版本对于这个特定时间来讲就不是"正确的它"。

你或许觉得这似乎是预型技术给出假阳性的案例,就与我所批判的焦点小组以及其他空想之地的技术一样。毕竟,在初期,人们对该产品的关注度很高,而且很多人都愿意为它支付高达1500美元的代价。恰恰相反,谷歌眼镜这个案例恰恰说明对于某些产品来说,初期的关注和承诺是必要的,但这仍不足以判断该产品是否是"正确的它",因为一种产品和服务的成功取决于人们反复的使用和持续的参与。

为某个新创意制造舆论是相对容易的,对谷歌和苹果这样的公司来说尤其如此,但真正的考验是初期舆论是否能够转化为用户持续的关注和一贯的使用。结合YouTube预型和探索者计划,谷歌不仅确定了人们对此产品的初期关注度,还得以追踪那些初期兴奋异常的探索者们有多少能够在热情退去之后还能保持兴奋。当然了,谷歌眼镜团队对这一结果表示很失望,但他们从未觉得成功志在必得。如果他们真这么想,他们就会直接跳到量产环节并争取售出数十万副眼镜,而不是先验证他们的创意。

正因为在电影里面一切皆有可能,YouTube预型工具才能用于为任何创意制作预型,但请谨记,像浏览量或点赞量之类的指标并不能算作数据。制作视频的关键是要以一种可以让人投入切身利益的方式来展示你的创意。

我们通常可以将YouTube预型与其他预型技术结合起来

05
预型工具，让你快速检验创意的成功率

使用，以获取更好的效果。接下来，让我用前文提到的一些案例来诠释这种方式的威力。

创意实践

再议智能喇叭

在前文中，我们曾使用匹诺曹预型技术为智能喇叭创意制作预型。我们在车上安装了4个虚拟按钮，来模拟4种不同的喇叭声，以此来了解我们是否会使用、什么时候使用它们，以及使用它们的频率。我们可以把匹诺曹预型跟 YouTube 预型结合起来使用，做一个视频来展示不同按钮和喇叭声的实际使用效果。我们可以找人驾驶一辆装备了智能喇叭的车辆四处行驶，并录制视频来展示不同情况下使用这种智能喇叭的方法。比如，前车驾驶员正在打电话没有注意到信号灯已经变成绿灯时，我们可以用友好的"哔哔"声进行提醒。

当然了，智能喇叭还并不存在，因此那些按钮也不会做出任何响应，但那正是视频的魔力发挥作用的地方。只要对视频稍做剪辑，你就可以把对应的喇叭声添加到视频音轨里去，营造出一种喇叭在发挥作用的幻觉。制作好这样一个视频后,你就可以把它发到网上,并给那些观看视频的人们一个可以预订或提供邮件地址以接收更多信息的机会。

创意实践

再议便携式污染传感器

除了能够展示我们将如何使用尚不存在的产品,YouTube 预型还给了我们一个绝佳的机会,以检验不同故事或场景用于营销该创意的效果。还记得我们在前一章节介绍的便携式污染传感器的创意吗?该团队认为他们的第一个目标市场应该是生活在重度污染城市的学生家长们。为了验证他们的市场参与假说,他们可以制作一个视频讲述两位学生家长使用便携式污染监测传感器以保护他们孩子的故事,一旦发现空气污染水平过高,他们就会减少孩子在外停留的时间。在制作预型时,任何外形和尺寸跟预想的真实产品相似的物件都可以用在视频中充当那个污染传感器。

软件是最为理想的适用 YouTube 预型方法的一大产品种

类。只要将演示文稿转换成视频,你就能模拟可以想象到的任何程序或应用的功能了,一行代码都不需要写。我们来看一看如下这个例子。

假设你有一个创意,要做一款名为 FeeBird 的移动应用,这个应用可以让鸟类观察者们通过有偿分享他们发现的珍稀或独特鸟类的位置来赚钱。作为 FeeBird 的开发者,你的收入来自该应用 5 美元的售价和每笔交易 20% 的提成。

如果你跟我一样也是一名软件开发人员,你会急不可耐地想要立刻打开电脑开始写代码。但让我先问你一句:"你对自己能否做出这样一款应用有无任何疑虑?"当然没有!这对软件开发人员来说只是个很简单的事,而且即使你不是软件开发人员,你也能很容易招聘到一名开发人员来帮你开发 FeeBird。换句话说,在开发应用方面根本就是零风险,没有不确定性。然而,这也不是说开发这个软件完全没有成本。类似这样的应用会需要至少几个星期的时间来进行开发、测试和调试。考虑到我们已经知道大多数应用都没有多少用户也没有赚到多少钱,因此,在决定投入研发之前,你应该先使用预型方法来确认 FeeBird 是不是"正确的它"。也就是说,别急着进行软件开发,先使用演示软件或图像软件来模拟你的应用要达到什么样的效果。下面我会向你展示具体的方法。

图 5-9 是我使用苹果 Keynote 办公软件制作的两张 FeeBird 界面模拟图，只花了我 10 分钟。其中左图展示了附近一只我感兴趣的鸟类的大概位置，以及支付 5 美元费用购买详细地图及所在位置的选项。右图展示了用户决定购买详细信息之后的情况，他们得到了详细地图、图中那只鸟的 GPS 坐标以及为此信息评分的机会。

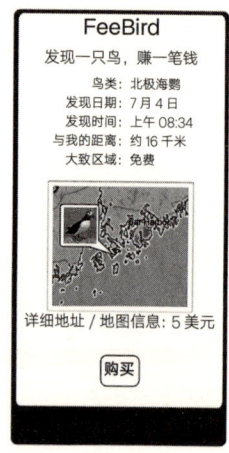 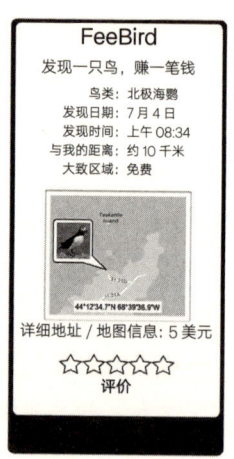

图 5-9　用苹果 Keynote 制作的 FeeBird 界面模拟图

你可以在一个小时之内创建好几页这样的胶片，每一页都是一张展示某个用户动作的界面模拟图，如搜索鸟类、上传鸟类信息、确认景点等。你可以把它们按一定顺序组合起来做成动画，那样的话看起来会更像是一个能使用的应用。例如，点击胶片上的"购买"按钮，屏幕会切换到下一张胶片，显示鸟

05 预型工具,让你快速检验创意的成功率

类位置的详细信息,看起来就像是点击"购买"按钮真的可用。做好动画后,可以再补充一些说明性文字以完成整个展示。

在告诉 FeeBird 你感兴趣的鸟类种类之后,只要身边有这种鸟类出现,该应用就会提醒你。例如,你可以看到以自己当前位置为中心半径 10 千米范围内有一只大西洋角嘴海雀,支付 5 美元你就可以获得这只鸟的精确位置。

点击"购买"按钮后,你就能看到详细地图、GPS 坐标和路线信息的页面。于是,你驾车前往该地点,下车后又步行一两百米,然后果然看到了一对大西洋角嘴海雀。高兴之余,你还可以给这位鸟类观察者同好打个五星好评。

整个过程结束时,你不仅有了一个吸引人的逼真视频可以展示该应用的使用功能,你或许还能够学到很多如何设计这一应用以及它应该具备什么特性的知识。

但这还不是一个预型,这只是一个精密的动态模型。若要将其转化为预型,你还需要用这个视频来收集一些数据。有很多方式可以做到这一点,例如,你可以创建一个专属网站用来播放该视频,并接受用户注册及接收应用发布的通知,或是在某个鸟类观察会议上播放该视频,看看是否有人感兴趣并真的愿意提供邮箱地址及支付费用等。

预型投资回报率

通过最后这个案例我来介绍一下预型投资回报率的概念：**为创意制作预型而投入的少量时间和金钱，能让你避免将大量资金和时间用于构建"错误的它"。**

我们假设你投入了 10 小时和 100 美元做了一个展示 FeeBird 实际使用效果的靓丽的 YouTube 预型，并开发了一个简单的网站、购买了一些在线广告来收集 YODA。一个星期后，你的视频已经有 2 000 浏览量，当然，还有一些负面评论，比如"不自重的鸟类观察者才会为这种信息收取或支付费用"，而最重要的是并没有人真正花钱购买。随后，你稍做调整，再一次发起广告宣传，然而结果还是一样。于是，你决定换种方法再试一试，你在一个鸟类观察者会议上演示了视频，结果却遭到了人们的质疑。看来你需要退回到绘图板前重新构思这一创意了。

这个结果或许有些令人失望，但设想一下，如果你投入的不是 10 个小时而是 10 个星期即约 400 个小时的工程时间（折合数千美元），开发出了一款真正的应用，并得到了同样的市场信息，即大多数鸟类观察者在承诺购买或销售此类信息时打了退堂鼓，那时你会更加失望。相比于投入 400 小时和数千美元，投入 10 小时和 100 美元得到相同的教训，这样的预型投资回报率显然是很丰厚了。

05

预型工具，让你快速检验创意的成功率

在进行大额投资前先进行一些测试，在更深入地了解之前，别急着将你的创意落地。接下来，让我们继续介绍下一个预型技术。

一夜情预型，从一个尝试开始

我取名一夜情预型的用意，是想表达如某些喜剧或表演在一个特定地点只举办一场演出的意思。顾名思义，一夜情预型的主要特征就是它缺乏长期承诺或投入。这并不是说它非得刚刚好用了一个晚上或只有一次尝试，别太在意它的名字。预型试验的持续时间可以短至几个小时，也可以长达几个月，重点在于它是一个相对短期的承诺，只要时间足够你收集到决策所需的数据即可。如果你想要 100 个数据点，而这可以在一天之内或一次试验之内收集完成，那就做一个为期一天的一次性试验；如果你需要花费一星期和多次试验才能得到必要的数据，那就花上一个星期的时间。话虽如此，我最喜欢的两个一夜情预型案例来自维珍航空和爱彼迎，这两家公司都是从一次尝试或一个夜晚的业务开始的。

20 世纪 80 年代早期，传奇企业家理查德·布兰森（Richard Branson）订了一张机票飞往英属维京群岛去跟他的女友共度浪漫假期。然而航班被取消了，那时，他没有像大多数人那样抱怨和诅咒航空公司，而是决定创办自己的"一次性"航空公司。他借了块黑板，写上"维珍航空：39 美元单程机票至英属维京群岛",随后他被其他延误乘客团团围住,很快就售出了数量足以填满一整架飞机座位的机票。

受到这次成功试验的鼓舞,他结束浪漫假期回来后就打电话给波音公司,他说:"你们有二手波音747飞机出售吗?"他们果然有,于是布兰森买下了一架,这样一来,他的"单航班预型"升级成了"单飞机航空公司预型"。后来,维珍航空成了业内最成功和最具创新力的航空公司之一。

> **创意实践**
>
> ### 爱彼迎百万美元生意的起点
>
> 2007年的某一天,爱彼迎的两位创始人乔·杰比亚(Joe Gebbia)和布赖恩·切斯基(Brian Chesky)正面临无力支付他们在旧金山租住房屋月租金的窘境。为了能赚点快钱,他们想出了出租公寓房间里三个气垫床的主意,这也是爱彼迎名字里"Air"(空气)的出处,或许是为了弥补不太舒服的睡眠环境,房费里还包含一份自制早餐,即名字里"bnb"的出处——"bed and breakfast"(床加早餐)的简写。他们买下了airbedandbreakfast.com这一域名,做了一个简单的单页面网站展示他们

05
预型工具，让你快速检验创意的成功率

的公寓在地图上的位置，并在克雷格列表（Craiglist）[①]上打广告。几个小时之后，有两男一女购买了他们的产品，每人支付了80美元。

那三位爱彼迎的早期用户在同意跟其他两位陌生人共处一室的时候，就是在拿他们自己的切身利益冒险。不知道你会怎么想，我可不确定我是否能够在那样的夜晚里安然入睡。事实上，如果有人把它作为一个商业创意来介绍，我的空想之地意见将会是："它不可能行得通。我绝不会花钱在陌生人家里过夜。找个酒店或像样的提供早餐的宾馆有什么不好吗？"这正是一个绝佳的例子，可以说明我们最初的反应、意见和预测可以错到什么程度，因为现如今我出门旅行时最常使用的网站就是爱彼迎。

在第一批客人离开后，杰比亚和切斯基意识到这可以成为一个大生意，这是一个"正确的它"。几年后，由于完成了也做对了很多正确的事，爱彼迎的市值已经超过了100亿美元。

再比如，开一家汽车专卖店不仅非常昂贵，还是对某个特定地点的长期承诺。如果该地点因为某些难以预见的原因而达不到预期销售效果，那么，你该如何获取

---

① 克雷格列表是一个大型免费分类广告网站。——编者注

数据来指引你的决策？一夜情预型似乎非常适合解决这个问题。

一家电动汽车生产厂商公司 A 为了把自己的汽车推向新市场并检验市场感兴趣的程度，设计并建造了一种可组装的弹出式汽车展厅，它由两个改装过的集装箱组成，因而可以轻松地运往某个地点，然后只需几个小时便可以展开成为一个宽 6 米、长 10 米的展示柜。潜在客户不仅可以亲身体验这些汽车，还可以在线提交订单并支付 5 000 美元订金，这可是重大的切身利益。弹出式商店使得公司 A 只需要付出最少的努力就可以拿到第一手的数据，掌握在某个特定地点的销售情况。

假设公司 A 想要在美国洛杉矶开一家专卖店，但想要先了解清楚在洛杉矶哪个位置开店能够带来最多的销售。豪华车专卖店在该地区的开设和经营情况或许是一个不错的参照点，但那是 OPD，而且你不能直接假设会购买宾利、奔驰、凯迪拉克、法拉利或兰博基尼等传统豪华品牌汽车的人也会购买公司 A 的电动汽车。特斯拉知道不管自己把专卖店开在哪里都能吸引很多人上门，但在光临专卖店的那些访客里，有多少是来看热闹的？又有多少是真正的潜在买家呢？

公司 A 可以基于现有数据将选择范围缩小到方圆 30 千米范围内的 3 个可选地点，然后再组合应用弹出式展厅跟一夜情预型和xyz假说来获取一些有价值的YODA。

大投资前先进行小测试

回过头来看一夜情预型，我们会发现它跟大多数预型技术一样很浅显易懂，也就是"大投资前先进行小测试"这一方法在时间维度上的应用：试一次或试几个小时、几天、几星期。换句话说，在做出长期承诺之前，先用短期xyz试验来检验你的长期XYZ假说。

但是，不管理性的创意有多么浅显易懂，它也并不总是能转换为理性的行动。观察大多数人和大多数组织应对新创意投资的方式，我看到的是完全相反的情况：在缺乏必要的数据来证明其创意有效的情况下，很多组织签下了长期的商用物业租约或做出了各种长期的承诺。

虽然我明白这些道理，但是过去我在这方面的表现并不好。我以前在创办企业时，虽然我们尚且只有很少的几名员工，离产品可上市销售还有至少一年的时间，大家对我们产品的认识也很少，但我还是签下了数百平方米办公室的长期租约，那里足以容下工程、销售、营销、运营等部门的数十名员工。

潜入者预型,偷偷将你的产品带入现有的销售环境

有时候,创作或小规模生产新产品只需要最低限度的投资和很小的风险。而重大风险是:在没有拿到足够数据可以确认市场对你的产品有充足的需求时,你就已经投入过多的资金进行产品构建和批量生产。如果可以只使用少量投入或者用一个单位的创意成品并利用别人的营销和销售资源来确认你的创意是否有市场买,岂不是更好?

这就是潜入者预型发挥作用的地方。顾名思义,潜入者预型就是偷偷将你的产品带到别人现有的销售环境(实体或网络商店均可)或人们会购买相似产品的地方,以此来了解人们是否会对你的产品感兴趣并投入真金白银来购买它。

创意实践

**Walhub 开关面板,
用他人的场地卖你的产品**

有关这项预型技术,我的灵感来自贾斯汀·波卡诺(Justin Porcano),这也是我最钟爱的案例之一,他在旧金山开了一家独立设计公司 Upwell Design。贾斯汀想出了一个创新性开关面板的创意,那是一块塑料或金属材质的矩形片,可以把电灯开关圈在里面以防止手指弄脏周围的墙壁。这个

05
预型工具,让你快速检验创意的成功率

被称为 Walhub 的开关面板设计有钩子和袋子,可以很方便地悬挂或存放钥匙、雨伞或手电筒等物件。例如,你可以把 Walhub 置于前门附近的开关上以保护钥匙和待发出的信件,或是置于地下室的门边上并摆放一个手电筒在上面,以备灯坏了的时候去地下室检查保险丝。

和所有发明家一样,贾斯汀认为自己的创意很棒,并对其他人也会看出它的实用之处并购买深信不疑。他还认为,像宜家之类的家装与家具商场会是一个理想的销售场所。贾斯汀和其他发明家不一样的是,他很聪明,知道要靠数据来检验信念,并且想出了一个独特的方法。

首先,贾斯汀在 eBay 上购买了一件二手的宜家员工服。接下来,他制作了一些看起来很正式的宜家产品标签和价格标签,把它们贴在了 Walhub 的少数几个早期原型上。还有一步妙招,大家都知道宜家爱用古怪的北欧风格的名字来给产品命名,所以为了这次试验,他也把产品名字改成了"Wälhub"以提升其可信度。

随后,贾斯汀穿上黄色员工服,带上一大袋子 Wälhub,伙同几位"同谋"一起潜入了当地的宜家商店。在确认附近没有真正的宜家员工后,他们开始把 Wälhub 摆放至店内多个区域的展示货架,确保购物者能够看见它们。因为他们穿着很正式的宜家工作服,因此宜家员工

165

都把他们当成了摆放新货架的本公司员工。

接着他退到后面观察人们对他的产品的反应。有多少人停下来翻看？有没有人、有多少人会把 Wälhub 当成是真正的宜家产品放入购物袋？店内哪个位置的关注度和销售最高？例如，厨房区、生活区、车库区。

事实证明，人们对 Wälhub 挺感兴趣，好几位顾客都拿了一个放进购物袋并到收银台准备结账。可想而知，贾斯汀仿造的宜家价格标签当然扫不出来，而且收银员也不认识这个产品。尽管当时在收银台产生了一些混乱，但到最后，尝试购买 Wälhub 的人都得以免费带走它。这是双赢，客户得到了免费的产品，Upwell Design 得到了宝贵的 YODA。贾斯汀跟团队一起全程拍摄了整个试验，并在 YouTube 上发布了一个视频短片。这段视频非常值得一看，此预型技术的实际应用效果看起来让人备受鼓舞，也颇具趣味性。

这可真是一个检验创意以及从意见走向数据的绝妙办法。而在切身利益方面，顾客把 Wälhub 放入袋中并打算为之付费就是对它的价值的认可。如下是贾斯汀应用潜入者预型所收集到的 YODA 示例：

- 试验时长：1 小时。
- 路过展示区的人数：240。

05
预型工具，让你快速检验创意的成功率

- 拿起 Wälhub 详细查看的人数：12（占比为 5%）。
- 试图购买 Wälhub 的人数：3（占比为 1.25%）。

当然，贾斯汀的所作所为不只需要创造力，还需要胆量，同时存在风险。潜入一家大型连锁商店，假扮商店雇员并利用其卖场来开展自己的市场研究，这种做法是存在风险的，或许还会惹出大麻烦。

好消息是你可以应用相同的技术而无须担心类似风险。比如，贾斯汀可以找几家个体五金店，向他们支付一些钱，比如 100 美元，来换取把产品摆在店里展示几个星期的机会，试试看是否有人会购买它。

让我们用"胆大妄为"的贾斯汀关于其宜家试验的几句话的介绍来结束此案例：

> 结果比我期望的更好。我的这次试验不仅有助于验证该产品的消费者市场，还揭示了有关包装有效性、价位以及零售卖场内理想位置的信息。这个试验除了本身的研究作用，我们将拍摄的视频用作了营销工具，该视频在 YouTube 上获得了 75 000 观看量，并拿到了一次国家电视台的采访机会，以及得到了广告时代等媒体对我们创意的赞誉。

总之，Upwell 将 600 美元营销预算的效用发挥到了极致，同时还收获了有价值的关于销售和市场研究的成果。

在实体店中应用潜入者预型既有趣又令人兴奋，还很有启发性，因为你不仅可以记录数字，还可以观察人们对你的产品的反应。如果大多数人都是拿起产品、看看价格、吸口凉气然后放回原处，那么你可以推断他们是认为这太贵了。然而，考虑到网络购物已经极为普遍而且体量在持续增长，你或许也想知道是否可以在网上应用潜入者预型。当然可以！利用已有网站的流量几乎总是比新建网站吸引流量的花费更少，也更快捷。

首先，你需要找到一家现有的在线零售商，它需要有一个已经购买过你的同类产品的客户群体。接着你要联系该商家并商讨允许你进行产品展示试验的条件。例如，作为你所收集数据的交换，你可以让商家保留所有销售收入或直接投入一些钱用于租赁在线展示位，这是非常值得的。通常来说，跟小公司打交道要比跟大企业打交道更容易，也更容易进行这类试验的合作。

改标签预型，一个标签让你快速试验

只需在外观上稍做调整，我们就可以改造现有的产品或服务并将其用作新产品或服务的预型，改标签预型就发挥了这一优势。给产品贴上不同标签就可以假装是别的东西，用来观察人们是否对它感兴趣。

这是不是听起来很不可思议？然而事实并非如此，但这种预型技术确实有个可特的起源。

创意实践

谁会为了省几美元而选择隔日寿司

几年前，我跟几名斯坦福大学的本科生共进午餐时，其中一名学生吃的是塑料盒装的预装寿司，当时我们有过如下这段对话：

一名学生嘴里嚼着芝士汉堡，问道："你那塑料盒装寿司味道怎么样？"

"很贵！差不多要 10 美元，但至少他们还是免费给了我一双筷子。"另一名学生回应道。

THE RIGHT IT
做对产品

"我认为这太贵了,"正在享用辣酱汤的第三名学生插嘴道,"有什么理由卖这么贵,这只不过是一些米饭和几小片鱼肉啊!"

"啊,但这鱼必须是真正的新鲜鱼肉,而新鲜鱼肉可是很贵的。"正在吃芝士汉堡的学生回复道。

"我敢打赌不那么新鲜的寿司你也能吃下去,反正加上酱油和芥末之后你也分辨不出来了,"辣酱汤学生说,"要知道,廉价寿司的市场空间是很大的。"

"是的,没错。我已经可以看见它了。隔日寿司。最好赶紧出手把域名抢注下来。"芝士汉堡学生一边说一边笑。

"事实上,我觉得这不是个坏主意。"正在吃寿司的男生说。

"如果它口味还行、可以安全食用,而且价格也足够便宜,我会考虑购买隔日寿司的。这样说吧,只要能够负担得起,我会天天吃寿司。"

"我表示怀疑,"芝士汉堡学生说,"即使你真的敢吃,也没有哪个理智的人会为了节省几美元而甘愿冒着食物中毒甚至更糟糕

05
预型工具，让你快速检验创意的成功率

情况的风险的。"

通常我都会避免在吃饭时聊工作，但就这个话题来说，我实在无法抗拒将这种空想之地风格的意见交流变成我的教育时刻，于是我说："你们知道吗，我们可以用预型来解决这个问题。" 10 分钟后，我们就有了一个计划。

首先，我们提出了一个 XYZ 假说：

> 如果价格只有普通盒装寿司的一半，至少 20% 的盒装寿司食客会尝试隔日寿司。

接着他们缩进假说至斯坦福大学校园：

> 如果隔日寿司的价格只有普通盒装寿司的一半，在 Coupa 咖啡厅吃午饭的学生至少有 20% 会选择隔日寿司。

最后，经过一分钟的"预风暴"（关于如何制作创意预型的头脑风暴）之后，我们想出了改标签技术。我们可以做一些写着"隔日寿司：半价"的标签（见图 5-10），挑出咖啡厅可售盒装寿司的一半贴上这些标签，再计算购买寿司作为午餐的人中选择冒着食物中毒或肠道疾病风险来节省几美元的人的比例。

图 5-10 隔日寿司图示

你或许能够猜到,隔日寿司创意对某些来自空想之地的人来说似乎合情合理,但在真实世界中进行测试时却发现没有任何人愿意去尝试,更不要说 20% 的市场了。隔日寿司创意失败了,你或许已经注意到了,这个案例结合使用了改标签预型和潜入者预型。我们不仅使用了现有的产品和包装,还利用了当前的客户群体和基础设施,即咖啡厅在午餐时分的人流量。组合应用多种预型技术可以大大降低运行试验所需要的成本和时间。在本书随后的内容中,你将看到更多预型技术组合应用的案例。

创意实践 有多少人会买一本叫《100 000 000 编程笑话》的书

你无法仅凭封面就判断一本书,但可以借此获得一些市场数据。我的朋友麦克是计算机编程笑话

05
预型工具，让你快速检验创意的成功率

的收集狂和传播粉，且他收集的大都是冷笑话。

从我认识麦克以来，他就一直在说要把这些笑话汇集起来写一本书。他认为有很多程序员会购买它。他曾对我说："我能卖出很多，它将成为送给极客们的完美礼物。"他还觉得自己已经想到了一个完美的书名——《100 000 000 编程笑话》，需要说明的是：数字 256 用二进制码表示就是 100 000 000。

这个想法听起来有一些合理性，我也相信他能卖出一些，但具体能卖多少呢？能够卖出足以保本的量吗？那么，此时他可以借助预型工具来获取一些可以解答这些问题的 YODA，针对此例，将改标签预型和潜入者预型组合使用会非常有效。

首先，我们需要把他的模糊的市场参与假说转换成一个 XYZ 假说，是时候用数字说话了！麦克认为大多数程序员都会买这本书，但当我们把"大多数"转换为数字时我们得到的是"至少 50%"，就连麦克自己也意识到这有些太乐观了。最终，他选定了一个更现实的数字，得出了如下的 XYZ 假说：

> 至少 5% 的程序员会以 9.95 美元的价格为他们自己或为朋友购买《100 000 000 编程笑话》。

接着我们再将上述 XYZ 假说缩进成一个可以在当地书店的帮助下进行测试的 xyz 假说：

> 在美国加利福尼亚州山景城 Books Inc. 书店浏览计算机科学和编程书籍的程序员中，有 25% 的人在看见了书架上的《100 000 000 编程笑话》时会拿下来细看。

如果 XYZ 假说是正确的，那我们的 xyz 试验应该会有所反映。换句话说，如果浏览计算机编程书籍且看见了这本书封面的人中有 25% 会将其拿下来细看的话，推断其中 1/5 的人会最终购买也是蛮合理的，前提是那真的是一本笑话书。我们可以使用改标签方法来验证此假说，拿一本现成的书，替换成效果逼真的《100 000 000 编程笑话》的封面之后重新放回书架，然后记录有多少人看到书名后会把它拿下来细看。

当然，他们只要打开书本就会意识到自己不能仅凭封面来判断一本书。但在那一刻，麦克可以走到读者面前向读者解释自己所做的试验并为这个小把戏道歉，另外再给他们一个小礼物作为弥补，比如包含 10 个笑话的图书样品。或者他可以解释说这本书尚未完成，但如果读者愿意提供邮件地址，他会很乐意发一份电子版给这位读者。如果几个类似试验得出的数据证实了麦克的假说，那么他就可以开始着手写作这本书了。

当然，你也可以在网上进行这样的测试，但那就不如亲自做试验那么有趣了。请务必记得所有过程都要合乎法律和道德，并对给你提供 YODA 的人们心存感激。

预型的变化与组合

我很享受收集那些有说服力的预型技术实例，与人分享以及给它们取个好记的名字。但我想强调的是我与你分享的预型清单绝非详尽无遗，你可以把它想象成是预型思维的实战案例，或者把它看作灵感的来源，用以创作自己的预型设计技术，对现有技术进行优化，或是将两种或多种技术进行组合。你已经见识过我的做法："隔日寿司"案例结合了潜入者预型和改标签预型。接下来，我再向你分享两个案例。

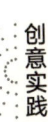

现场演示预型

通过前面的介绍，你应该明白可以利用在线视频来帮助观众看见并理解尚不存在成品的产品的潜力，比如使用 YouTube 预型，除此之外，你还可以在现场即在观众面前进行演示，人们在电视或是 YouTube 出现之前通常会这样做。

假设你的创意是要开发一款应用来帮助学生放松和保持专注,以保持良好的精神状态来应对学习和参加考试。你已经拿自己和朋友们进行了充分的研究和试验,并相信这款应用程序会起作用。但在投入几个星期或数月的时间进行开发、测试、发布和营销之前,你想知道目标市场人群中有多少人愿意为它支付 5 美元。你可以按照你应该已经很熟悉的步骤进行操作,即从市场参与假说到 XYZ 假说,直到最后得出一个可供检验的 xyz 假说,如下所示:

在午餐时段去往校园书店并中途停下来观看 3 分钟时长的"放松、专注与学习"应用演示的斯坦福大学生中,有 10% 的人会提供自己的电子邮箱给我们,以接收该应用上线的通知。

你在书店附近摆好桌椅,开始了一场小表演:

来看看我们这款"放松、专注与学习"应用程序的强大功能吧!通过结合经过科学验证的视觉和音频提示,这款应用程序可以在短短两分钟内将你的智能手机变成令人惊叹的工具,能够减轻你的焦虑、使你进入轻松且专注的状态,非常适合学习。坐在这里的是我的伙伴丽莎,她与心率和血压计连接。如你所见，丽莎当前较高的心跳和血压表明她正处于轻度压力状态，这很正常，毕竟这么多陌生人围着她呢！但请注意当丽莎戴上耳机并启动"放松、专注与学习"应用程序之后专心看屏幕时的情况。等一下……等一下……好了！她的心率和血压都开始下降了，还在继续下降……

演示结束时，你告诉到场的学生们该应用尚未发布，但他们可以在你们的网站上输入自己的邮箱，以享受在上市后以 1 美元的优惠价格而非 5 美元的原价购买该应用的福利。或者如果你足够有胆量，你也可以尝试当场收取 1 美元，前提是你已做好必要时退款的准备。当然，演示本身不需要你有"放松、专注与学习"应用程序的可用版本，找一个可以帮助丽莎放松的音乐视频满足当时所需即可。

我们已尝试过使用假门预型来验证一本非小说类松鼠观察书籍的市场兴趣，以及使用改标签预型来测试一本程序员写的笑话书。如果你在考虑写点更具野心及文学性的作品，例如小说，那么除了用适当的散文风格写作，你还必须用有趣的故事和出色的人物塑造让读者沉浸其中。

作家与企业家及发明家很像，大多数作家都认为自己的故事和人物设定等创意对市场也有着对他们自己一样的吸引力，然而事实并非如此。失败之兽有自己的品位，大多数图书尤其是小说在市场上都没有得到读者的欢迎。即使可以说服文学经纪人或出版商来阅读你的大作，他们的决定也都是基于他们的专家意见及其对市场的理解，而我们都知道结果会怎样，通常是拒绝。"哈利·波特"系列、《白鲸》（*Moby Dick*）等一些历史上非常成功的小说最初也都遭到了许多出版商的拒绝。

那小说作者或出版商应该如何做才能使一本书的成功机会最大化呢？他们应该写一些示例章节作为书籍预型，并把这些章节发给一些目标受众，来收集 YODA。换句话说，小说作者可以向市场免费发放些许尚未完工的作品的小甜头，并要求如果想要更多内容则要付出一些切身利益。

有很多方法都可以帮助做到这一点，但我最近则独爱小说《火星救援》（*The Martian*）的作者安迪·威尔（Andy Weir）的例子，该小说讲述了一名宇航员受困火星的故事。威尔的职业是软件工程师，业余爱好是写科幻小说，但与大多数有抱负的作家一样，他被很多文学经纪人和出版商拒绝了。于是，他决定在网上免费连载《火星救援》。渐渐地，关注这名受困宇航员故事的人越来越多。最终，他有了成千上万的网络粉丝，他们不仅阅读了这些章节，还自愿投入时间进行编辑、核对事实以及为该书提供建议，这些可都是用户真正的切身利益，也是市场参与度的重要初期指标。

后来，威尔响应一些粉丝的要求，在亚马逊的 Kindle 阅读器上以电子书的形式发布了这本书。他本打算免费提供，但亚马逊限定最低价格不能低于 0.99 美元，所以他只能要求读者花费少量的金钱来购买。在 3 个月内，他的电子书共售出了 30 000 册，已足以进入亚马逊排行榜并成为科幻小说类畅销书。有了这种 YODA，你就无须去敲经纪人或出版商的门，因为他们自然会来敲你的门。没过几个星期，威尔就拥有了一名经纪人、一家可以合作的出版商，以及一家给出报价想把此书拍成电影的大型制片厂。后来，书籍和电影都取得了惊人的成功，事实证明，《火星救援》是"正确的它"。

是什么让预型成为预型

如你所见，预型可以有很多种形式，但要做到名副其实，预型必须满足如下 3 个关键条件：

- 预型必须能够通过让人投入切身利益而产生 YODA。

- 预型必须能够快速地实现。

- 预型必须能够通过廉价的方式实现。

但即使坚守这些要求，也还是有大量的预型技术和组合可供选择。这就带来了如下几个问题：

- 应该如何选择预型？

- 需要进行多少个不同的试验？

- 需要收集多少数据？

- 什么时候可以停止测试？

要解答以上这些问题，我们还需要最后一组工具即分析工具的帮助，这也是下一章的主要内容。

06

分析工具，
真正从数据到把"它"构建正确

Analysis Tools

切身利益代表着承诺、
认真和深思熟虑。
除非人们真的投入了
他们的切身利益，
否则你就不能把这些人
算作是潜在客户或用户。

——

06

分析工具,真正从数据到把"它"构建正确

你已经学到了XYZ假说和缩进假说等思考工具,这些工具可以帮助你将模糊且表述不清的创意转变为清晰、客观且可检验的假说。你还学到了土耳其机器人和假门等预型工具,这些工具则可以用于快速、低成本地测试假说以收集与创意有关的数据。在本章中,你将学习如何使用分析工具,来理解你所收集的数据,从而帮助你实现从数据到决策的重要过渡。

切身利益卡尺,才是承诺与深思熟虑

我已经引入并多次使用过切身利益这个术语。现在是时候结合案例对这一关键概念进行更全面的讨论了。

目前尚不清楚是谁创造了"切身利益"这个概念。有些人认为是传奇投资者沃伦·巴菲特,但我们并没有找到可以支撑

该声明的证据。在很长一段时间里，我都以为它就是毛皮猎人们爱用的一个短语，因为他们在玩扑克时会用动物皮草而非美元做赌注。尽管对这一术语的起源缺乏共识，但大多数人对其含义的理解则比较一致。通常来说，提到切身利益（skin in the game）时，其中，"game"（游戏）这个词是在隐喻存在输赢概率的某些活动，"skin"（皮肤）是在隐喻该游戏中某些具有价值的东西，例如金钱、时间或声誉。在本书的语境中，游戏是指将新创意引入市场的过程，成败则是根据该创意在市场上的成败结果来评判的。

我们的游戏跟国际象棋或足球等游戏不同，它不是一个零和博弈，一款新产品输了（在市场上遭遇失败）并不意味着另一款相似的产品就一定能赢（在市场上获得成功）。而且，一款产品能赢得市场的100%或是90%的份额并统治该市场数十年之久，这种现象也是极为罕见的。换句话说，这是一场极难取胜的游戏，正如我们所见，大多数人在大多数时候都输掉了。如果你输了，即你的创意在市场上失败了，那么你就失去了你所有的或大多数的投资或利益；但如果你赢了，即你的创意在市场上成功了，那么你就能拿回你所有的投资或称利益，连带一些额外收益，有时这种额外收益非常丰厚。对我们多数人来说，正是那些额外收益使得这场游戏及其中存在的风险变得值得且有趣。

参与新创意的企业家、发明家和投资人自然而然地就有了

06 分析工具，真正从数据到把"它"构建正确

切身利益，而且通常那都是很重大的利益。如果马克辞去了他的好工作、申请了第二笔贷款、开始了每个星期工作 80 小时的创业生涯，他这就是投入了各种形式的切身利益，包括金钱比如放弃工资收入、负担贷款等，以及每个星期 80 小时的时间投入，因此他实际上承担了巨大的风险。

当玛莉说服公司为她的新发明投资并让她来主导研发工作时，她或许没有用自己的钱，而且公司还在为她的时间付费，但她依然承担了风险，因为她是以自己的名声、未来的晋升为"赌注"，以及万一没有达到预期目标的潜在收入损失为代价的。同样的道理，当风险投资人或天使投资人决定投资某个创意时，他们投入并承担着风险的不仅是金钱和时间，还有他们在风险投资圈的名声。

作为参与新创意的企业家、发明家或投资人，除了投入或多或少的切身利益之外，别无他选。每个人都明白也期待如此，事情就应该是这样，有切身利益意味着你承担着风险，视结果不同可能会得到或失去某些重要的东西。投入切身利益标志着你对一个创意是很认真的，你已经做好了准备工作，如果遇到麻烦你会积极应对挑战而不是放弃该创意。切身利益代表着承诺、认真和深思熟虑。

但你需要确保自己没有过早地投入太多切身利益去开发一项创意，除非你能够证明市场对该创意足够感兴趣并愿意投入他

们的切身利益,不是意见,也不是预测,而是切身利益!也就是说,除非人们真的投入了他们的切身利益,否则你就不能把这些人视为潜在的客户或用户。相反,他们只不过是一群观众,他们什么也不会失去,反倒有可能会冷眼旁观你和你的创意"起火并坠毁"的过程。

在度量一个创意的市场潜力和成功的可能性时,我们认为必须是基于硬数据的,而这些数据必须是基于切身利益的。这很重要,所以我再说一遍:**在你为一个创意投入大量切身利益之前,先确保自己也能够从目标市场上得到一些切身利益。**

那到底有什么可以算作是目标市场的切身利益呢?我们又需要获得多少这样的切身利益呢?

> **创意的关键思考**
> THE RIGHT IT
>
> **切身利益卡尺:** 帮助你量化和校准切身利益的工具,很有必要,因为并非所有的切身利益都一样。例如,一款产品的1 000美元订金比同款产品的100美元订金的得分更高,承诺参加一小时的宣讲会应该比仅提供一个邮箱得分更高。

为了解答这些问题,我提出了"切身利益卡尺"这一术语来给不同类型的目标市场反响分配切身利益"点数"。这款卡尺可以根据特定产品和市场进行定制。

假设我的创意是名为 Tortell-o-matic 的价值250美元的家用意大利饺子自动包饺子机。把面粉、水、鸡蛋、盐以及其他馅料一并放入 Tortell-o-matic,然后只需要两分钟,

06
分析工具,真正从数据到把"它"构建正确

这款神奇的机器就会开始产出形状完美、新鲜出炉的意大利饺子了。

在空想之地,Tortell-o-matic 的表现很棒。我有很多朋友和同事都很喜欢这个创意,他们还表示自己绝对会买一个这样的产品放在家里。然而,Tortell-o-matic 的设计、开发和生产需要一大笔投资,就算只是一次性的原型也需要花费好几个月时间和好几万美元来进行研发。对我来说那可是很多的切身利益,因此在进行投资前,我需要从目标市场获得一些比意见和承诺更实在的东西,因为我相信只有跟切身利益相关的 YODA 才是有价值的。

我可以使用我最爱的土耳其机器人预型技术,设置一个试验来收集 YODA。制作一个 Tortell-o-matic 模型放在桌上,并事先找人拿上一桶意大利饺子成品,藏在桌子下面,再把桌布盖上。当我按下这个机器上的按钮时,合作者会播放一段录制好的机械噪声,然后再把意大利饺子推出去,就好像是机器做出来的一样。我可以在现场或在线演示时使用这个预型来收集 YODA。

问题是,人们看到了 Tortell-o-matic 的运转情况之后,我该如何给这些市场反馈分配切身利益点呢?这时拿上一把切身利益卡尺就非常有用了。比如,表 6-1 就是我在 Tortell-o-matic 上应用切身利益卡尺的情形:

表 6-1 切身利益卡尺如何应用

证据类别	示例	切身利益点
意见 （专家或非专家）	"这是个好主意。" "没人会买它。"	0
鼓励或劝阻	"去做吧！" "还是专心做你的本职工作吧！"	0
一次性的或虚假的邮箱或电话号码	bogusemail@spam.com， (123) 555-1212	0
社交媒体上的评论或点赞	"这个创意很糟糕。" 点赞或反对、喜欢	0
在线或离线的调查、投票、访谈	"你有多大可能会购买，请用 1～5 分进行打分。"	0
已验证的邮箱，明确知晓它将用于发送产品更新及相关信息	"请提供你的邮箱以接收产品更新信息。"	1
已验证的电话号码，明确知晓它将用于告知产品更新及相关信息	"请提供你的电话号码以便我们可以打电话告诉你产品的相关信息。"	10
时间承诺	参加一次 30 分钟的产品演示	30 (1 点 / 分钟)
现金支出	支付 50 美元加入候补名单	50 (1 点 / 美元)
下单	支付 250 美元以获取首批 10 个购买资格之一	250 (1 点 / 美元)

如你所见，在分配切身利益点方面我极为苛刻。例如，我不仅无视了普通人的意见，也无视了所谓专家的意见。这是为什么？因为经验告诉我，专家往往不会比普通人知道得更多。

例如,埃德塞尔车型是福特汽车公司最大的商业失败案例之一,提出这个创意的福特汽车公司的员工们可都是在汽车行业里有名的专家。相似的,极少有公司能够比谷歌更懂得如何开发互联网产品,但谷歌在 Wave、Buzz 和很多其他互联网创意上也栽了跟头。与此同时,也有很多创意是专家们认为没有希望结果却大获成功的。比如,在遇到愿意尝试出版首部《哈利·波特》的编辑之前,作家 J. K. 罗琳(J. K. Rowling)就被很多世界知名的出版机构拒绝过。这就是为什么在切身利益卡尺上意见的点数为 0 的原因,不管是谁的意见都一样。

在线上社交媒体、投票和所有类型调查中给出的喜欢、点赞、反对、转发、评论等,我也都分配了 0 点。无脑地点击喜欢、发表评论或写条推文是相当容易的。总之,在我看来,没有切身利益就等于没有点数。

在此示例中,我认可为数据的最小证据是一个已验证的邮箱,是由其拥有者在明确知晓你会用它来给自己发送产品信息及更新特定产品创意信息的情况下提供给你的。已验证的意思是它必须是其拥有者确实有定期检查和使用的一个真实的电子邮箱,而不是那种人们在被迫提供时给出的自己不会使用的电子邮箱。根据我的经验,大多数人都很注意保护自己常用的电子邮箱,把它给出去的时候通常都非常谨慎,这意味着该电子邮箱对他们来说是有价值的。正因为如此,我认为在已知和自愿的基础上为了接受特定产品信息而提供给你的已验证的电子邮箱应属于切身利益，只不过我给它分配了最小的值：1点。

另外，我给已验证电话号码的估值是10点。为什么比电子邮箱多这么多？因为大多数人在给他人自己的电话号码时的谨慎程度要比给出电子邮箱时高很多。

我给人们时间的估值是每分钟1点。如果有人愿意花30分钟时间倾听新产品介绍，那他们就得到了30点切身利益，因为这是他们对产品真正感兴趣的可靠迹象。

终于轮到了终极的切身利益：真金白银。俗话说得好："金钱有话说，意见靠边站。"对于金钱，我设置的规则比较简单：1美元相当于1切身利益点。

另外，请将以上所有的货币替换为你们本国的货币，并根据你自己的创意或市场进行相应的调整，但请勿过于追求精确，比如把电子邮件的估值设为0.4点，或把电话号码的估值设为3.7点。相反，请考虑使用不同的数量级来区分重要性不同的事项，并使用直觉和经验相结合来指引自己的判断。对无利益（0点）与有利益的区分及清晰分隔远比点数的精确更重要。只要确保你在分配相对价值的时候是真实、客观和合理的就行了，例如，客户支付50美元订金的点数应该比他们提供已验证可用的电子邮箱多得多。

> 06
> 分析工具,真正从数据到把"它"构建正确

创意实践

双队记:
一个绝佳创意的衡量标准究竟是什么?

每次有学生或客户拿着他们自认为可用的数据来找我时,我都会使用切身利益卡尺来进行衡量。如下是一个示范场景。

想象有团队 A 和团队 B 两个团队找到你,他们拿出了两份不同的新产品创意的投资机会。团队 A 向你展示了一段精彩的 YouTube 视频演示,讲述其未来产品的相关信息。接着,他们炫耀了一堆与切身利益无关的数据:

> 一个星期内获得了 14 万次浏览、2 万个赞,只有 100 个反对意见。

再看看其中的一些评论:

> "真了不起!""这真是太棒了!"
> "这是个绝佳的创意!"……

团队 B 也有一段视频,但他们没有用总浏览量、点赞量或评论数量等数据,而是按如下方式展现了他们的数据:

> 我们制作了一段 2 分钟的视频来展

示产品功能，并花费了 400 美元购买在线广告以吸引流量。一个星期内，有 8 000 人完整地观看了我们的视频。我们在视频结尾处给了人们一个选择，提供电子邮箱就可以收到产品上市的通知。我们获得了 120 个电子邮箱，其中 40 个未经验证，所以我们认为只有 80 个有效。一个星期后，我们给这 80 个人发送了一封邮件跟进，给他们提供了以 125 美元（早期用户专属的 5 折优惠）购买该产品预售版（手工制作）的机会，最终我们收到了 20 个订单。

用切身利益卡尺度量，团队 A 能得多少点？答案显而易见：0 点！在外行看来，团队 A 展示的绝对数值 14 万浏览量远比团队 B 的 8 000 浏览量更让人印象深刻，但它们不是优质的 YODA。团队 A 甚至没有告诉我们他们为了得到这 14 万浏览量到底花了多少时间和广告费。

另外，团队 B 则不仅给了我们数字，还给出了评估数字的上下文，以及更重要的是他们拿出的是与切身利益有关的 YODA，具体来说每项数据对应的切身利益点如下：

- 400 美元广告 → 8 000 次浏览 = 0 切身利益点

06
分析工具，真正从数据到把"它"构建正确

（浏览是没有点数的，但通过这条数据我们可以获得关于单次浏览获取成本的有意义的估算值，即每次浏览 0.05 美元）。

- 8 000 次浏览 → 80 个已验证的电子邮箱 =80 切身利益点。
- 80 个电子邮箱 → 20 个 125 美元的订单 =2 500 切身利益点。

很可能团队 A 的创意是"正确的它"，而且将取得巨大的成功。他们有很多令人印象深刻的数字可以分享，但我只有在看到真实数据时才会信服，所谓的真实数据即是与切身利益相关的 YODA。

团队 B 给我的则是真实且有用的数据：400 美元广告投资得到了 80 个已验证的邮箱，这相当于每个地址 5 美元，以及 2 500 美元的订单。我当然想要再多做几次试验（我会告诉你展示原因和方式），但这是一个充满希望的开端。

不是所有数据都"生而平等"，就算 YODA 也不例外。 团队 A 专注于数量，而团队 B 则专注于质量，通常来说，数据的质量胜过数据的数量，而且附带大量切身利益是数据质量较高的重要标志。

TRI 计量仪，让你不被失败盯上

收集带有切身利益的 YODA 用以验证我们的市场参与假说是必要的第一步，但仅凭原始数据自身是不够的。我们还需要采取某种方式去诠释它、予以量度、进行比较，以及与其他相关数据相结合，才能够从数据中提取出价值并将其用于做出合理、明智的决策。

胆固醇测试的数据是两个数值的比值，也即每 10 毫升血液中含有多少毫克的胆固醇。比如你在参加年度体检时做了血液检查，得知你的总胆固醇是 300mg/dL[①]。数字本身并没有多大意义，但如果医生拿出一张图表并告诉你，从统计数据来看胆固醇水平为 300mg/dL 的人死于心脏病的概率是胆固醇水平为 200mg/dL 的人的 4.5 倍，你或许就会决定戒掉胆固醇含量较高的食物了。

"正确的它"计量仪简称"TRI 计量仪"，是我开发一种分析工具，可用于尽可能客观地诠释你所收集的 YODA。更准确地说，TRI 计量仪是一个用于帮助你评估创意取得市场成功可能性的量表，虽然一旦涉及概率和统计就很容易变得很有技术性、很复杂或很难懂，但 TRI 计量仪并不是那种很复杂、难懂的量表。

我会先向你展示 TRI 计量仪的外形，再解释如何使用和

[①] dL 为容积单位，1dL=100mL。——编者注

06
分析工具，真正从数据到把"它"构建正确

诠释这一工具。图 6-1 展示的是经历 4 次预型试验（由右侧 4 个箭头表示）之后的 TRI 计量仪。如你所见，TRI 计量仪的数值范围分为 5 个成功可能性层级，从非常不可能（10% 的成功概率）到非常有可能（90% 的成功概率），这些数值各自代表了你创意是"正确的它"的可能性。

> **创意的关键思考**
> THE RIGHT IT
>
> TRI 计量仪（"正确的它"计量仪）：这是一个工具，用于映射出并可视化地呈现出预型试验的结果，可帮助判断一个创意有多大的可能是"正确的它"。

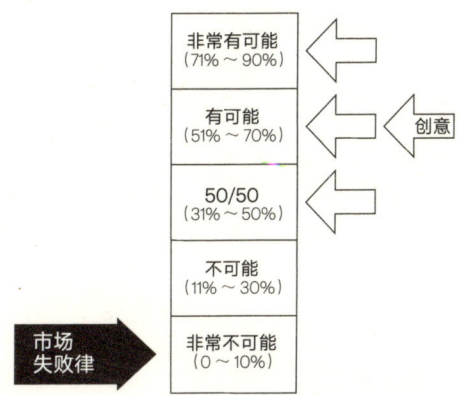

图 6-1　经过 4 次预型试验的 TRI 计量仪

为什么只有 5 个层级而不是 7 个或 10 个？我一直在思考是否要再增加几个层级，例如，极其不可能和极其有可能，但那只会让这个工具变得更加复杂，如此一来，它所提供的精度也将超出我们的试验工具和对象所能支持的范围。它还会让我们产生一种不适宜的确定感，因为实际上我们所处的环境并无法提供这种保证。因此，我将刻度设定为从 10% 开始并以 20% 为增量直到 90%，而不是从 0 开始以更小增量增加到 100%。我确实是"用数字说话"的忠实拥趸者，但对这些预测提出过高精度或过高置信度要求的想法，让我想起了苏斯博士 1990 年的著作《你要去往多么美妙的地方》（Oh, the Places You'll Go）中的几句话：

> 那么，你会成功吗？
>
> 会！一定会。
>
> 你有 98.75% 的可能性会成功。

这样的句子总会让我笑容满面。但是，我无法给你任何类似 98.75% 的保证的东西，或许没有人能给出这样的保证。

如果你所从事的是物理学或化学方面的工作，有着足够精确的仪器，那么 62.7% 和 63.3% 之间的测量差异或许是既精确又相关的。但我们所面对的是不确定的市场和人们的行为，它们非常难以量化。当然，如果你正确地应用我所介绍的工具和技术，则可以大大提高你的成功概率，或许能获得接近 80% 的保证！

06
分析工具，真正从数据到把"它"构建正确

现在来讲图 6-1 中的箭头。底部标有"市场失败律"的不详之黑色的大箭头指向了非常不可能。那个箭头是在提醒我们铭记一个硬事实：大多数新创意都将在市场上失败。它是要帮助我们确保自己运行了足够多的试验、收集了足够多的 YODA，足以抵消市场失败律所预测的惨淡的初始成功概率。接下来，我会用一个比喻来说明这个要点。

在美国的刑事法庭上，除非已被证实有罪，否则被告都将被认为是无辜的，而且举证责任也由检方承担。在刑事审判中，被告不需要去证明自己无罪，而是控方必须提供足够有说服力的证据来证明被告有罪。但当我们把刑事律法换成市场规律并将其用于"审判"一个创意的时候，则正好相反，我们要先假设创意是"有罪"的，即会在市场上失败的"错误的它"。我们的工作就是要提供足够多的"确凿证据"，让"陪审团"改变态度转而支持该创意。

著名天文学家卡尔·萨根（Carl Sagan）有一句名言："非凡的主张需要非凡的证据。""正确的它"并不都是非凡的，因为它们太多了，但它们也并不普通。因此，或许我们可以把上述名言改成"非凡的主张需要充足证据以支持特例"。市场这个"法庭"会接受的唯一证据就是与切身利益相关的 YODA。而我们可以获取 YODA 的唯一方式就是进行预型试验，这就要讲到另外 4 个箭头了。

刻度右侧那些较小的箭头每个都代表一个单独的预型试验以及该试验所对应的成功概率。为了做好对应，你需要判断试验所收集的数据是否以及如何能够证实或支持你的假说。一种做法是等做完试验、收集完数据之后询问如下问题：

如果该创意注定在市场上成功，并假设它执行得很彻底，那么这个特定预型试验有多大可能性会产生此结果？

请记住，预型试验旨在测试由市场参与假说导出的一个特定的 xyz 假说。所以你真正在问的是：

如果我们的市场参与假说为真，该预型试验有多大的可能性产出此数据？

你可以通过如下方法将你获得的数据对应到 TRI 计量仪上去：

- 如果数据大大超过假说的预测，就把箭头对准非常有可能。
- 如果数据达到或略微超过假说的预测，就把箭头对准有可能。
- 如果数据略低于假说的预测，就把箭头对准不可能。

06 分析工具，真正从数据到把"它"构建正确

- 如果数据远低于假说的预测，就把箭头对准非常不可能。

- 如果因为某些缘故使得数据是模糊的、可能已损坏的或难以诠释的，那就把箭头对准"50/50"，或者选择丢弃。毕竟，即使在科学界也并非所有试验都能产出干净可靠的数据。

创意实践

再议隔日寿司

下面我来展示一下如何将 TRI 计量仪用于隔日寿司案例。首先，我们需要确保有一个 XYZ 假说，这样才能缩进得出一组 xyz 假说。

如果你还记得，我们已经有了隔日寿司的 XYZ 假说，内容如下：

> 如果隔日寿司的价格只有普通盒装寿司的一半，至少 20% 的盒装寿司食客会尝试隔日寿司。

接着我们缩进得出了第一个 xyz 假说：

> 如果隔日寿司的价格只有普通盒装

寿司的一半,在 Coupa 咖啡厅吃午饭的学生中至少有 20% 会选择隔日寿司。

为了测试这个 xyz 假说,我们提出了改标签预型,给半数盒子贴上"隔日寿司:半价"的标签,再统计有多少人会选择购买。假设总共有 100 盒寿司在售,我们把其中的一半(50 盒)改为隔日寿司,我们需要收集的关键数据就是隔日寿司的售出盒数相比于寿司总售出盒数的百分比。换句话说,我们想要了解的是有多少午餐想吃寿司的人会选择购买隔日寿司?

我们假设午餐期间学生们总共购买了 40 盒预装寿司,那么其中有多少盒是被改标签成隔日寿司的?表 6-2 中呈现的是可能出现的几种情况。

表 6-2 在隔日寿司上应用改标签预型收集到的数据

成果	40 盒中隔日寿司的盒数	占总盒数的百分比 %
A	0	0
B	2	5
C	6	15
D	8	20
E	16	40
F*	2	5
G**	30	75

* 试验当天,《斯坦福日报》上刊登了一篇介绍食用生鱼肉风险的文章。

** 午餐人群包括了正在游览斯坦福校园的 130 名日本学生。

这些数据对应到 TRI 计量仪上是如下这样的。

成果 A（未售出）：扪心自问，如果隔日寿司是"正确的它"，那么怎么可能会出现一盒都卖不出去的情况？鉴于你的第一个 xyz 假说的预测是 8 盒，而实售是 0，因此，因此成果 A 的箭头应该指向非常不可能。

成果 B（占总盒数的 5%）：这个结果没有前一个那么令人沮丧，毕竟还是有两个人能够接受略不新鲜的寿司的，但这离我们假说的 20% 预测值还是有不小差距。因此，成果 B 也应该指向非常不可能，除非我们已经准备好大幅调整商业模式和预期。

成果 C（占总盒数的 15%）：该试验数据提供了证据证明某种可行市场或许是存在的，但该市场并未达到我们预测业务成功所需的规模。目前来说，除非我们决定对商业模式和预期进行相应的调整，否则成果 C 应指向不可能。

成果 D（占总盒数的 20%）：这是我们假说市场的底线，但它完全达到了确认假说所需的最低要求。因此，它配得上一个可能的评级。

成果 E（占总盒数的 40%）：这一结果可以说是超出我们预期的。若我们问："如果隔日寿司是'正确的它'，那么 40 盒隔日寿司能够卖出 16 盒是可能的吗？"

我们可以很自信地回答非常有可能。

成果 F (占总盒数的 5%)：虽然这个结果让人沮丧，但该数据是值得商榷的，因为学校的日报当天刊登了关于食用生鱼片风险的头版文章。因此，我们要么将箭头指向 50/50 —— 尚无定论，要么将该想法丢弃。

成果 G (占总盒数的 75%)：这个结果很了不起，但我们需要保持客观，因为有一个事实不容忽视：在试验当天，一大群参与大学旅行的日本高中生来到了咖啡馆。或许这些年轻学生们并没有完全理解隔日寿司这个名字的含义，也或许他们的午餐预算不高。无论如何，这都不是正常情况，我们或许应该忽略掉这个特殊结果。尽管我们应该相信自己的创意是有市场的，但我们必须注意别自欺欺人。

你需要多少数据

理解了 TRI 计量仪刻度以及知道了如何将所收集数据对应至成功可能性之后，你还需要回答一个重要问题：多少数据才算足够？我要先明确地告诉你只有一次试验是不够的，无论你认为一次试验的结果多么有说服力，一次试验都是不够的。

如果在上述案例中，我们首次试验得到的是结果 A (0%)，

06
分析工具，真正从数据到把"它"构建正确

我们是否就应放弃该创意呢？或者若结果是成果 E（40%），达到了我们预期的两倍，我们是否应放弃其他的一切、全身心地投入隔日寿司呢？在你做出回答之前，也参考一下我们在面临其他重要决策时都是如何处理的。

你会只约会一次就向对方提出求婚或接受对方的求婚吗？希望你不会，即使那是一次完美的约会。刚开始几个小时的相遇或许是一个好的迹象，你以为你找到了理想的伴侣，但就和"正确的它"一样，"正确的他"或"正确的她"是不常见的，因此，明智的做法是通过更多的约会来判断对方是否是正确的他或她。

如果你是面试官且正在面试一位求职者，你会只问求职者一个问题并完全基于求职者对那个问题的回答来做出招聘决策吗？

仅凭一次预型试验无法可靠地判断出创意是否有可能成功，无论试验结果是不是既清楚明了又令人信服。这是为什么？因为有很多潜在的因素都可能会导致试验失效。如果我们已经意识到结果可能受到某些因素的影响，例如，隔日寿司案例中有关寿司安全方面的耸人听闻的新闻报道或是突然增多的日本游客，那么我们可以对这些数据进行优化甚至抛弃这些数据，但我们不可能知道或考虑到所有可能导致数据被扭曲或破坏的情况。

新弓箭手可能第一箭就射中靶心,而老弓箭手却只会偶尔失手。这也是我们需要往 TRI 计量仪上"多射几箭"的原因。

想要信得过拿到手的结果,你就得多运行几次预型试验、多验证几个 xyz 假说。那需要运行多少次试验呢?这就像是在问需要约会多少次才能提出求婚或答应求婚,或者像是在问需要问求职者多少个问题才能向其发出正式邀约。此类问题的答案取决于多项影响因素,如约会进展如何、要招聘的岗位有多关键等等。

对于预型方法来说,答案同样取决于多个影响因素,例如:

- 你打算为此创意投资多少?

- 如果最后没有成功,你能够承担多少时间和金钱方面的损失?

- 你需要多少确定性才能做出决定?

- 到目前为止你所做的那些试验,结果是确定的还是不确定的?

根据我的经验,你需要设计和运行至少 3~5 次试验,而且如果执行该创意会涉及重大风险或重大投资,例如,辞职或是把公司资金全押上,那就需要再多进行几次试验才行。试验次数应该与投资和失败后果即你的切身利益的大小成正比。

部分总结

诠释 TRI 计量仪

现在你已经知道如何将各个试验的 YODA 对应到 TRI 计量仪上，接下来我将向你展示如何诠释整体结果以及如何决定下一步。我会使用一个示例场景作为辅助，该场景遵循了创意从初始版本演变成"正确的它"的一个典型过程。赶紧戴上你的拳击手套和格斗护齿吧，因为我们马上就要进入"格斗场"跟失败之兽大战几个回合了。

第一回合：迎头痛击

我们从最常见的场景开始。除非你运气特别好，否则做过几次试验之后，你的创意（创意1）的第一迭代在 TRI 计量仪上大概如图 6-2 所示：

如果你是新手，这第一波较量会使你感到震惊、受伤和迷惑，但千万别因此影响了士气或情绪。

首先，大多数人都认为自己的创意毫无疑问就是"正确的它"，结果却惨遭失败之兽无情碾压，所以在最开始遭受打击是很正常的。

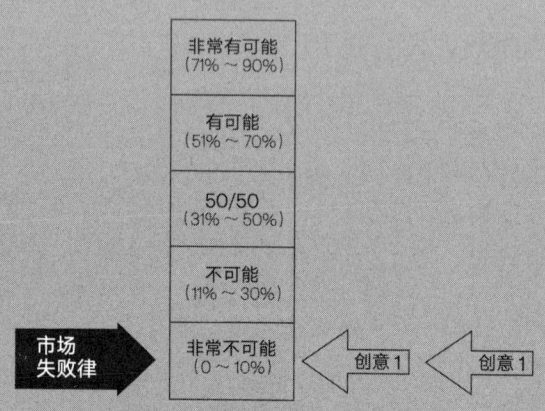

图6-2 最初的创意在TRI测量仪上的常见结果

然后,你也要想一想,如果不经测试直接闷头推进创意可能会带来多少的损失。在奋斗几个月、投入大量资金进行开发和营销产品后,才发现该创意一直都是"错误的它",这一记"重拳"可能会把你直接击倒。幸运的是,我们的思维、预型和分析工具可以帮助我们避免这种情况,当下在试验上的小投入可以免去以后的大痛苦。一旦能够快速且廉价地了解到某个特定创意不太可能会成功,你就能省下大量的时间和资源来进一步探索,不管是修改原始创意还是探索一些新创意。

基于TRI计量仪,我们应该承认自己所钟爱的新产品创意极有可能会在市场上遭遇惨败。第一回合,失败之兽胜出。如果你对新产品真的很有热情,你或许会决定再次上场,对同一个创意再多做几次试验,并再次确认一遍结果。但更合乎逻辑也不那么痛苦的做法是乖乖地回到绘图板前,应用从试验中学到的经验和教训来调整自己的创意。

第 2～4 回合:有得有失

我们对原始创意(创意 1)进行了些许调整,针对每个变种(创意 2、3、4)又各进行了几次测试。然后把测试结果映射到 TRI 计量仪上,我们得到了如下的"成功可能性"图(见图 6-3)。

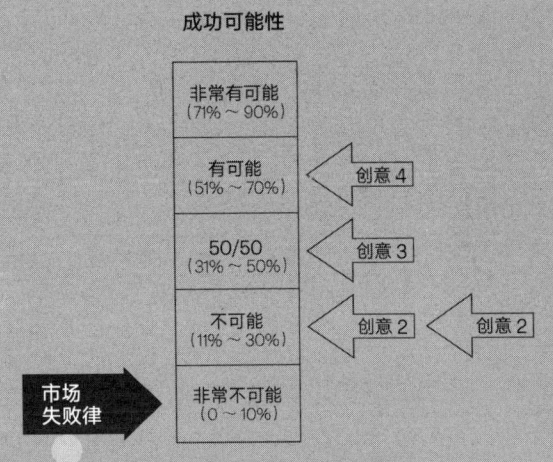

图 6-3 对创意进行多次调整后的结果

我们又被"猛揍"了一顿,尤其是创意 2,不过比之前好点。我们调整后的创意改版离开了非常不可能这一区域，甚至第 4 版创意（创意 4）成功命中了一拳——已经达到 37% 的成功率。这是一个非常好的信号，说明我们正在加深对市场的理解以及做出相应的调整，并逐渐靠近"正确的它"。

第 5 回合：我们连续命中几记好拳

把创意 4（命中"有可能"的那个创意）作为起点，我们又进行了一些调整，然后带着创意 5 回到了"赛场"。

我们用第 5 版创意又进行了 3 次试验，箭头全部指向了有可能或非常有可能（见图 6-4）。这太棒了！假设产生这些结果的试验都是经过妥善设计和执行的，所得出的数据也都得到了公平和客观的诠释，那么，我们就有了强有力的证据可以证明该创意应该是"正确的它"。但底部的黑色不详之箭开始发挥作用，提醒着我们能够在市场上成功的新创意是非常罕见的。这三个正向结果足以平衡和抵挡市场失败律吗？

开发这个特定创意会需要大笔投资和重大承诺，我们也希望能够在继续推进之前再提升一下信心。于是我们决定用创意 5 再做 3 次试验。

我们把新结果映射到 TRI 计量仪上，放在第一组结果的旁边,第二组结果用加粗箭头显示(见图6-5)。

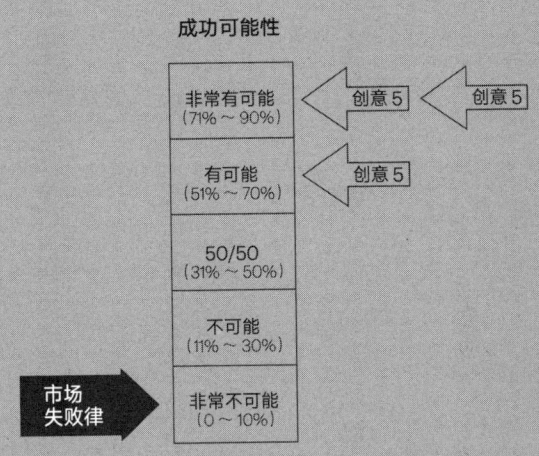

图6-4 创意4的改良版创意5已经非常接近"正确的它"了

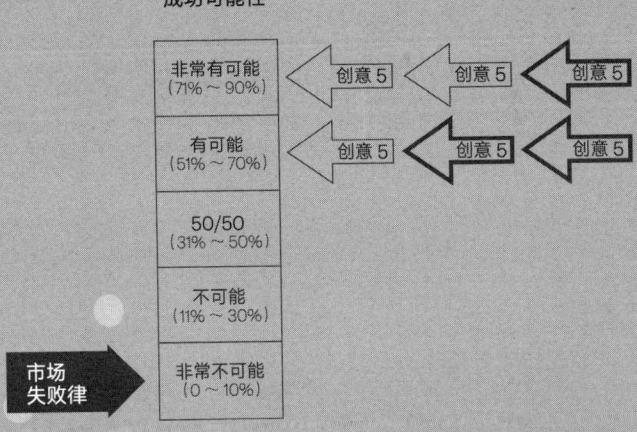

图6-5 进行了6次试验的创意5的结果

创意 5 的这组新试验证实了第一组的试验结果。但是，我们依然不能对那个黑色大箭头视而不见，因为市场失败律仍然有可能会出其不意地袭击我们，但经过数次迭代，该创意的第 5 版的确有较大可能是"正确的它"。

为了帮助你直观地看到全貌，如果把这一系列的创意改版——从创意 1 到创意 5，以及试验结果都映射到同一个 TRI 计量仪上，我们得到的效果将如图 6-6 所示的那样。

成功可能性

非常有可能 (71%~90%)	←创意5 ←创意5 ⇐创意5
有可能 (51%~70%)	←创意4 ←创意5 ⇐创意5 ⇐创意5
50/50 (31%~50%)	←创意3
不可能 (11%~30%)	←创意2 ←创意2
市场失败律 ⇒ 非常不可能 (0~10%)	←创意1 ←创意1

图 6-6　一个创意经过数次迭代并汇总到同一个 TRI 计量仪上的情形

我们总共基于 5 个不同创意（或相似创意的不同改版）运行了 12 次预型试验。听起来好像调整和试验的次数很多，但使用预型技术最多只需要花费几个星期的时间，比大多数团队用在编写基于 OPD 的业务计划书的时间还要短。

讲到这里我们就要结束有关 TRI 计量仪的探讨了。在此我再强调一遍：只有精心设计和亲自执行的试验所得出的真实数据才有资格用箭头在图中标出，意见或其他人用其他方法在其他时间完成的市场研究等不应作为依据。另外，你的箭头必须只包含与切身利益相关的 YODA。

第三部分

可塑性战术，计划需要不断调整

THE RIGHT IT 部分导读

在第二部分，我为你介绍了一组工具，它们可以提高你思考创意时的清晰度、加快你收集数据来验证创意的速度，还可以使你采取结构化和有目的性的方式分析和诠释所收集的数据。这是一个有着多种可选工具、多种使用方式以及无数种组合方式的强大工具包。但该如何决定选择哪个工具、如何使用以及何时使用呢？这就是我们将在本书第三部分——"可塑性战术，计划需要不断调整"中介绍的内容。

"可塑性"（plasticity）指的是能够根据新的、意想不到的状况调适自己的计划与行动的能力。拥有这种能力至关重要，因为把新创意推向目标市场的过程极少能按计划顺利进行，无论我们多么努力和谨慎地制定计划，我们都难免会遇到各种意料之外的事情。

延续第二部分使用"拳击"相关比喻的话，我曾听过有关规划的最佳引言来自一个意想不到的来源，拳王泰森。当被要求点评对手的比赛计划时，泰森回答道："每个人都有一个计划，直到我一拳打在他们脸上。"所以，我们在推动一项创意落地的过程中，心里要有数，我们肯定会被市场"揍"上几拳的，要做好准备对你的计划和战术进行相应地调整。

我无法给你一套一体适用的计划或是宜家家居那种可以按部就班操作的说明。但我可以跟你分享一些我最喜欢的和最有效的战术，它们可以帮助你充分发挥工具的优势，这样你就可以少挨市场几拳，或许还能够出拳还击几次。紧随本章之后，我会用一个大的案例把我们的所有工具和战术都串起来介绍。

07

战术工具集，
4个战术让你学会挑选与使用预型

Tactics Toolkit

10 次小微调好过一次痛苦的关键转型。

————

07

战术工具集，4个战术让你学会挑选与使用预型

战术 1："全球化"策划，"本地化"测试

如果你对"全球化策划，本地化测试"这句话有些耳熟，那是因为它是受到了"全球化策划，本地化执行"这一口号的启发，这些口号通常与环保主义人员和组织相关。对我们来说，目标不是要拯救鲸鱼或保护臭氧层，而是要尽早与本地市场接触以节省时间和保护我们的宝贵资源，避免在空想之地浪费时间为产品制作全球分销的宏伟计划。

"全球化策划，本地化测试"意味着你有产品的全球化计划，但在还没有投入任何时间去开发和执行这些雄心勃勃的国际化计划之前，你应该找个更小、更易触达的目标市场的一个子集，先验证一下你的创意是否可行。你可以把你所在的城镇、社区、工作场所或学校选作初始市场，这一市场离你越近、越容易接触到就越好。

下面是尽情享受白日梦的时间，你可以畅想专属于自己的独特的比萨餐厅创意会成为下一个加利福尼亚州比萨厨房，并在全球多个国家拥有数百家分店。但除非你已经在某地取得了成功，不然还是别浪费时间去制作全球化市场扩张计划了。

全球化和本地化都有指代地理位置的意思，但"本地化测试"原则不只适用于物理距离或地理区域。它适用于任何具有多个概念化群体或行业标准的市场，每一个都需要额外投资才能够触达和占领。比如在智能手机市场，用户在哪里居住就不如他们使用什么手机平台重要，比较主流的平台有苹果的iOS、谷歌的安卓。很多移动应用开发人员投入了2～3倍的启动资金、浪费了几个月的工程和营销时间，同时在多个移动平台上开发和发布新应用，结果却发现谷歌安卓用户与苹果iOS用户一样对他们的应用不感兴趣。所以你应该选一个技术上或概念上更接近的平台，先在上面验证你的创意，然后再出发去征服其他平台的用户。

假设你是一名移动应用开发人员，对谷歌安卓操作系统最熟悉也最有经验，那么它就是你的本地化"社区"。对你来说，即使是千里之外的安卓用户，也比隔壁家的iOS用户更容易接触。因此，要先在安卓市场制作新应用的创意预型并进行试验。如果预型试验表明你的应用有可能成功赢得这些用户，那你就可以开始考虑开发其他平台的版本了。

07

战术工具集，4个战术让你学会挑选与使用预型

在职业生涯早期，我被取得全球化成功的幻想所蒙蔽，自始至终都对"本地化测试"战术置之不理，并最终为此付出了高昂的代价。例如，我参与联合创办的一家企业，在美国本土尚未达成持续且较高的销售业绩和用户规模的情况下，我们就已经为欧洲和亚太市场招募了销售团队。每新增一个国家，我们就得为此国家翻译、定制和测试我们产品及文档的多个版本，所有这些工作耗费了我们大量的时间和金钱，甚至对我们本土业务的开展都产生了很大的影响。我不能将公司最终的失败完全归咎于这个决定，但它确实没有带来太大的帮助。

但如果找不到创意的本地化市场怎么办？比如，你住在位于美国西北部的蒙大拿州，而你的创意是太阳能冲浪板。那么，我建议你要么搬到加利福尼亚州南部或夏威夷去，要么重新找个创意，或者是想出一些创造性的方式来弥合这一差距，例如，找个随时可以接触到冲浪者的人当合伙人。

"本地化测试"是我最喜欢的策略之一，因为这是让你自己及创意快速脱离空想之地并接触到市场的最佳方式。应用此战术，我们可以将缩进假说再向前推进一步。我们不只是将假说缩进到一个小型测试市场，而是缩进到一个小型的本地化测试市场。

你还记得吗？在隔日寿司的改标签预型案例中，我们一直缩进到了当时所处位置的附近几百米之内，就是当时学生们所

在的那栋大楼。这样一来,我们就可以开展一个可以立即执行且容易执行的预型试验。

用数字说话:数据距离

你可以而且也应该衡量你在多大程度上遵循了"全球化思考,本地化测试"这一战术,方法是计算你的数据距离(distance to data, DTD)。如果你打算在真实世界如商店、街角或俱乐部会议上收集数据,那么你就可以选个喜欢的距离单位用于度量 DTD,比如米、千米,然后再尝试缩短该距离。尽可能让初始市场验证投入本地化,这样能够节省宝贵的时间和金钱,从而让你可以运行更多试验或测试更多创意。你会很惊讶地发现,原来在你所处的社区或其他临近区域有那么多优质的 YODA。接下来,我们举个例子来进行说明。

> **创意的关键思考**
> THE RIGHT IT
>
> **数据距离(DTD)**:有助于你量化和缩短为了收集市场数据所需前进距离的一种指标。

琳达的创意是一款价值 19 美元的设备,可以让人们在投币洗衣店的洗衣过程更加高效并少一些沮丧。她将这个小玩意儿称之为 LaundroDone,把 LaundroDone 跟衣服一起扔进洗衣机或干衣机里,当机器完成任务程序停止旋转时,这个设备就会发送一条短信息到你的手机告诉你衣服已经洗好了。琳达说多亏了 LaundroDone,她终于可以摆脱那让人心烦的闪烁着的荧光灯和混杂洗衣液及衣物柔顺剂的恶心气味。现在,她可以安心地坐在车上，听着音乐，静静地等待衣物洗好的消息。

琳达想出了一种结合土耳其机器人预型和假门预型的绝妙方法来测试自己的创意，她迫切地想要将其付诸实践并收集一份 YODA。她相信该创意的最佳市场就是大都会区域，如纽约或洛杉矶等大型城市的大型投币洗衣店，那里也正是她想要运行测试的地方。

但琳达自己居住的地方是美国加利福尼亚州南部乡村的一个小型居民区。小镇上只有一家投币洗衣店，用琳达自己的话来说，"让我浑身起鸡皮疙瘩，来的都是怪人"。尽管正是这家气氛诡异的投币洗衣店激发琳达发明了 LaundroDone，但她却不想再涉足该地。于是，琳达打算驱车近 200 千米前往洛杉矶订个酒店住上几天，找几家大型投币洗衣店运行她的测试。这计划没什么问题，但她真的需要为了获取一份 YODA 去这么远的地方吗？

通过应用"本地化测试"战术和以 DTD 指标为指引，琳达找到了约 30 千米外的一个中等规模的小镇，镇上有几家不那么诡异的投币洗衣店。虽然不如她家乡那么本地化，但至少都是一个县里的。由于选择了相对更近的地点，她省去了往返奔波的开销，因此，她可以用这些时间和金钱来运行更多的测试。

如果你的产品创意是需要在网上进行营销、购买和使用的，那么又该怎么办呢？你可以用虚拟距离来替换物理距离单位，比如电子邮件、网络文章或网页。只不过不是计算物理步数，而是计算数字步数。这比你想象的要更容易，接下来，我将用另一个案例来解释其中的原因。

几年前，我想出一个音响音调调节设备的创意，可以让录制效果不佳的音乐听起来更丰富些并且不那么刺耳。我将目标市场框定为高保真音响发烧友——那些花费大量金钱购买音响设备追求高品质音效的人们。如今，大多数发烧友都在网上购买商品，因为实体音响商店跟书店一样已经变得非常稀少，所以，我计划在网上营销和销售我的音响设备，并相对应地设计了预型和测试。

我想应用"本地化测试"战术，但本地化在网上意味着什么？就我而言，我认定的虚拟街区是我定期访问和积极参与发帖发产品评论的那个互联网音响论坛。我是该论坛首批成员之一，跟论坛创始人的关系也很好，所以我认为只要好好地跟他谈，他会允许我发帖子介绍我的设备的，这样就可以看看是否有论坛成员有兴趣购买它了。这样一来，我的DTD的数字步数就是如下三步：

- 第一步：给论坛管理员发封邮件。
- 第二步：发帖子介绍我的产品。

- 第三步：创建一个只有登录页面的简单网站，用以收集潜在客户的些许切身利益，如电子邮件、订金等。

因为我已经是论坛成员，而且跟论坛创始人的关系也不错，所以能够选用这个"网上街区"，非常快速地做好预型并运行起来。

在制定你的第一个 xyz 假说时，牢记"全球化思考，本地化测试"。不要仅盯着某个特定市场，缩进到你现在所在之处。说到"现在"，就要引出我们的战术 2 出场了。

战术 2：现在测试胜过以后测试

"现在测试胜过以后测试"无须过多解释，它的意思很明确：不要推迟测试。赶快带着你的创意离开空想之地、进入市场吧，越快越好。在确定了初始的市场参与假说并以 XYZ 假说形式表述、缩进至 xyz 假说且设计了预型试验之后，就是时候从抽象思考进入具体测试环节了。

但大多数人都不愿意离开舒适的空想之地。我们逗留其中数月甚至数年之久，高谈阔论我们的创意，反复修改那份时间跨度长达数年的"国际化商业计划书"，然而我们甚至都还没有哪怕一片可以检验创意的 YODA。我们为什么会这样呢？

由于我自己也曾多次受困于空想之地，因此我自觉有资格给出一个答案：恐惧！更确切地说是对被拒绝的恐惧，害怕发现市场对我们深爱的创意不感兴趣。大多数人都不愿意承认自己有此恐惧，但他们的行为已经说明了一切。我不是西格蒙德·弗洛伊德（Sigmund Freud），但我认为在空想之地徘徊、推迟与市场接触或许是一种潜意识下的回避行为，原因在于我们想要规避第一次接触市场时可能会出现的痛苦经历。

我经常把惧怕被市场拒绝而感到痛苦、屈辱和失望的情况跟惧怕在爱情上被拒绝相比较。我明白，不管是在爱情上或是在别的方面遭到拒绝，都是非常难受的，也可能会让人产生心理上的障碍。但懦夫难以赢得美人心，也难以赢得市场份额。

市场失败律是无法避免的。我们的大多数创意都无法在市场上取得成功，这的确很打击人的信心。但本书中的工具和战术能够让这段不愉快又躲不开的过程变得少些痛苦、更快速、更易于接受。所以，如果你的创意无论如何都无法成功，那么早知道总比晚知道好。

这么多年来，我合作过的团队数以百计，而见过的新产品创意更是数以千计，我从中发现了如下模式：

- 花太多时间在空想之地处理意见和 OPD 并用数

月时间编写商业计划的团队通常都失败了。

- 只做了很少的规划和测试就急于把产品推向市场的团队通常都失败了。

- 迅速测试了市场的团队通常都成功了。

换句话说,别在空想之地耗费太多时间,但也别太急着完成产品并将其推向市场。相反,收起你迫切想要把产品推向市场的心情,先来测试一下市场。

用数字说话:数据小时

数据小时(hours to data,HTD)度量的是你执行预型试验和收集高质量 YODA 所投入的小时数。比如,我们最开始的隔日寿司预型试验的 HTD 不过是 2 小时,用来打印标签并把标签拍在盒子上。当时已临近午餐时间,因此这种处理方法很有效。

显然,HTD 越短越好。我在给学生们安排预型试验任务的时候,通常都会把 HTD 限制设置为 48 小时,如果能证明自己更早获得了 YODA 还能拿奖励积分。有一次在课堂上,我正在介绍一个预型,

> **创意的关键思考**
> THE RIGHT IT
>
> **数据小时(HTD)**:有助于量化和减少为了收集市场数据所需花费时间的一种指标。

位学生举起了手，挥舞着 5 美元的钞票，大声喊道："三分钟拿到数据！怎么样啊？"

我还没来得及回答，她就解释道："我们团队的创意是提供自行车清理维护服务。只需 5 美元，我们会彻底清洁你的自行车。如果支付 10 美元，我们会检查刹车和变速器、给链条加油、给轮胎打气。"其他学生纷纷表示认可。于是她继续说，"所以我就给我们班发了封邮件介绍这些产品，然后……"

就在这时，她身后一位学生站了起来说道："我看到了消息就给了她 5 美元。我一听到这个创意就想去排队购买，因为在下雨天，我常常会把自行车弄得脏兮兮的到处都是泥。"

我开始鼓掌，然后班上的其他同学也开始鼓掌。虽然只是一个数据点，但毫无疑问这位学生已经理解了 HTD 的基本原则和精神。可以想象，她用这 0.05HTD（3 分钟就是 0.05 小时）抬高了大家的期望，并设定了一个新的标准。

一开始，我给这个指标的命名是"数据时间"（time to data），但最后我还是改成了数据小时，我认为这样可以调整期望并增加紧迫感，事实证明这样做的效果非常好。不管是在我的课堂上还是在企业客户项目里，这一指标都使得团队获得首批 YODA 的时间从几天缩短到了几个小时。

顺便说一下，这次改名正是心理学上锚定效应的一个示例。使用小时作为度量单位时，人们就会以小时而非天或周为时间单位进行思考，这会提高人们的效率。

战术 3：琢磨便宜、更便宜、最便宜

用好本书中的技术，不仅能让你更快地收集到高质量YODA，所需成本还比其他市场研究方式更低，可能只有其他市场研究方式成本的 1/10、1%，甚至 1‰。很多与我合作过的公司都已然习惯于为市场研究规划几个月的时间和几十万美元的预算，所以当他们发现预型试验的预算只要几万甚至几千美元的时候，他们全都震惊了。

大多数新产品创意都只需要花费很低的成本就能测试好，有些甚至几乎不需要花钱。我最乐于见到的就是"团队午餐比萨"成为预型预算中最贵的一项。

我建议你在提出一至两个预型试验创意后，别执着于它们而驻足不前。你可以问问自己："这是我们能做到的最好的吗？"大多数情况下，你都能找到其他更便宜又不以牺牲YODA质量为代价的创意验证方式的，然后，再继续尝试做到更好。"寻找便宜、更便宜、最便宜的方法"这一战术受到了如下故事的启发。

知名政治家亨利·基辛格（Henry Kissinger）是个要求很高的人。在担任美国前总统尼克松的国家安全顾问时，基辛格曾让下属给他写一篇论文。该职员花了好几天时间写这篇论文，感觉写得差不多时，他将论文提交给了基辛格，基辛格表示感谢并声称晚上再过目。

第二天，基辛格把该职员叫过去，将论文交还给他，并问道："这是你能做到的最好的吗？"该职员感到有些惊讶又有些尴尬，并表示自己或许还可以做得更好些。他取消了所有其他计划，又花了好几天时间专心地重写这篇论文。对于这份修订版，基辛格的回应是一样的："这是你能做到的最好的吗？"该职员颇感羞辱，但他要求基辛格再给他一次机会，并发誓这一次会做得更好。几天后，他把第三版论文交给了基辛格。在他离开前，基辛格再一次问道："这真的是你能做到的最好吗？"

"是的，先生。这真的是我能做到的最好的。"该职员回答说。

"好的，那我来读读看。"基辛格回复说。

由于我并不在现场，所以无法保证这个故事的真实性或准确性，但我欣赏基辛格的做法，因为我认为第一个解决方案就是最佳的、最有效率的那个这种情况是极为少见的。

07
战术工具集，4个战术让你学会挑选与使用预型

谷歌在成立之初，当公司资源越来越稀缺的时候，很多增加预算的要求通常都会被一句"创意钟爱精简"的话回绝。然而，大多数时候，人们都会找到方法用有限的预算把事情办成。

让创意激荡起来，你通常都能找到比最初的设想更便宜的方式来验证你的创意。比如，你最初为试验准备了1 000美元的预算，那就挑战一下自己，想办法把它降到100美元，如果挑战成功，那就再试试看能否将预算进一步降低到10美元甚至不花钱也能达到同样的目的，那就更好了。

用数字说话：数据美元

数据美元（dollars to data，简称$TD）的意思无须我过多解释，也可以随意将美元替换为适合的货币，比如美元、欧元、人民币、比特币，甚至甜甜圈，因为这个指标不必非得使用常规意义上的货币。如果你的项目成员都是志愿者，你给他们提供甜甜圈作为奖励，那么数据甜甜圈就是一个合理的可用指标。

> **创意的关键思考**
> THE RIGHT IT
>
> 数据美元（$TD）：有助于你量化和减少为了收集市场数据所需花费成本的一种指标。

战术4：先调整再翻转，再谈是否放弃

别被你最初通过试验获得的糟糕的YODA过早地打击了

信心。"正确的它"或许就在几步之遥,预型技术能帮助你找到调整方式。下面我来解释一下具体的操作方法。

包括听似疯狂的创意在内,大多数新产品创意的前提通常都没有那么疯狂,提出这些创意的人也极少是疯子。相反,他们往往都很了解他们所处行业的实际情况,深信自己的创意能解决客户的真实问题,并坚信会有一些人可以真正受益于该创意,而且他们经常都是对的。问题在于,他们的原始创意很可能失之毫厘,因而最终与该市场机会擦肩而过。

如图 7-1 所示,灰色区域代表某个特定市场机会的"正确的它"区域,而黑色区域代表"错误的它"区域。

● 代表"错误的它"
● 代表"正确的它"

图 7-1 "正确的它"与"错误的它"的一种可能的关系图示

07
战术工具集,4个战术让你学会挑选与使用预型

市场机会就在那里,千真万确,但并非所有抓住了这一机会的人所做的产品都能够成功,可能是因为它们太贵、太大、太复杂、颜色不对、名字不对等。市场可是非常挑剔和讲究的。如果你拿不出它喜欢的产品组合——"正确的它",那么即使你的产品在其他各个方面都能够很好地应对该问题或机会,它也终将走向失败。如果你对某个特定市场问题真的很感兴趣或很有热情,那就坚守该市场,但要对初始创意进行调整并尝试各种可能性。

假设你已经对初始创意进行过多次预型试验,然而数据显示毫无疑问你当下的创意是"错误的它",如图 7-2 所示。

创意①

● 代表"错误的它"
● 代表"正确的它"

图 7-2 你的创意是"错误的它"的情形

你很失望，这是可以理解的，但在测试该创意的过程中，你发现了一些关于目标市场的重要事实。或许你知道了自己基于空想之地的某个关键假说是完全错误的，例如，大多数人都觉得盒装寿司卖 8 美元并不是很贵；或许你发现了 80% 的盒装寿司购买者都有仔细检查标签上的"包装日期"时间戳的习惯，并且遇到超过保质期一天的就会放回去。每次试验，你都能收获有价值的 YODA，进而将其用于提示和指导你采取下一步的行动。

即使隔日寿司的初始创意是"错误的它"，在空想之地靠近隔日寿司创意的地方存在一个实惠型盒装寿司的"正确的它"创意与商业模型也是完全可能的。试试看按周订阅服务的模式，再把名称和口号改成强调便捷而弱化新鲜程度，比如"Sushi2You：便捷实惠的寿司订阅服务。"

如果市场对这次调整没有回应，那就再探索多做几次预型调整，例如"团购寿司：组团点单，尊享优惠"，直到找出"正确的它"组合（见图 7-3）。

但如果做了很多次调整还是没能发现"正确的它"，又该怎么办呢？那样的话，你就应该考虑接受现实了，因为实惠型寿司创意可能并不存在一个"正确的它"，正如图 7-4 所示。该创意所有的可能版本都注定要失败，因为大部分人都会把廉价寿司跟劣质寿司等同起来，而劣质寿司是不会有市场的。

07
战术工具集，4个战术让你学会挑选与使用预型

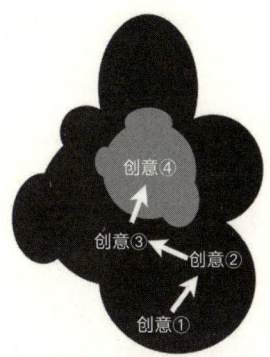

图 7-3　从"错误的它"到最终找到"正确的它"

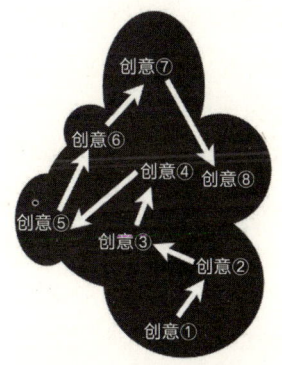

图 7-4　经历了多次测试仍然没有找到"正确的它"

如果你铁了心无论如何都要从事盒装寿司业务，那你就得

把自己的创造力调高几个等级,然后探索盒装寿司的另一组变化了。

我一直自认为是某种创造力专家、头脑风暴大师,直到我遇到了真正的专家——斯坦福大学的缇娜·西莉格(Tina Seelig)教授。我很荣幸 2016 年能够有机会跟西莉格一起教授名为"创造力和创新"的研究生课程。该课程目标是教会学生如何综合应用创造力技术和预型技术来帮助他们提出大量初始创意,以及测试、验证并将初始创意缩减至成功概率较高的几个,并以此开发具有创新性的问题解决方案。我负责教授预型技术,西莉格则负责教授创造力技术的相关内容,在西莉格讲课时,我也坐在学生旁边,跟他们一样全神贯注听课并疯狂地记笔记。

课堂练习之一是给学生们提出一个挑战,例如,杜绝人们开车时发短信的行为,他们需要想出至少 100 个有助于解决此问题的创意方法。正如两次荣获诺贝尔奖的莱纳斯·鲍林(Linus Pauling)所说的,"获得一个好创意的最佳方式就是找到大量的创意"。但实际上,要想出解决单个问题的大量创意并没有听起来那么简单,尤其是在不懂得正确技术的情况下。大多数人做这个练习都很难提出超过 50 个创意,并因此认为自己的创造力不足。

西莉格坚决反对这种结论。她认为拥有创造力是人人皆可

07 战术工具集,4个战术让你学会挑选与使用预型

掌握的一种技能,并教授了大家能让"100个创意"练习简单100倍的相关技术。在最令人难忘和最有效的一堂课上,西莉格使用哈佛的太阳马戏团案例研究作为示例,向学生们展示了基于他们对具体创意的先验观点和假说进行翻转以发掘可产出成功创意的方法。她还曾发布了一篇文章,其中对该练习的描述如下:

> 我最喜欢的练习之一是要把你所有的假说展开,然后全部翻转,再从中发掘替代方案。
>
> 在创造力课程上,我使用了哈佛的太阳马戏团案例研究,这让学生们有机会磨炼自己挑战假说的技能。背景是20世纪80年代,当时马戏业正陷入困境。演出内容陈旧过时,顾客数量持续减少,给动物的待遇也备受指责。无论如何这都不像是新成立马戏团的好时机。但加拿大街头艺人盖·拉利伯特(Guy Lalibert)恰恰反其道而行之,他挑战了有关马戏团的一切假说。
>
> 播放完一段剪辑自马克斯兄弟1939年的电影《马戏团的一天》(*At the Circus*)的视频片段后,我要求学生们罗列出有关传统马戏团的所有假说:一个大帐篷、动物、低价门票、卖纪念品的小商贩、同时进行多个表演、小丑、爆米花、强壮的男人、燃烧的铁环等等。然后我让他们把所有这些东西全部颠倒过来,

THE RIGHT IT
做对产品

想象这些事物的相反面。

例如,有一个小帐篷、没有动物、昂贵的门票、没有小商贩、一次只进行一个表演、没有小丑也没有爆米花。然后,我让他们挑出传统马戏团中想要保留的部分,以及想要改变的部分。这最终催生出的创意就是马戏团新生代——太阳马戏团。如今,太阳马戏团正在蓬勃发展,而传统马戏团已近乎销声匿迹。

拿马戏业练完手之后,我们就很容易把这个练习应用到其他急需变革的行业和机构中了,包括快餐、酒店、航空、教育甚至是婚恋行业。一经掌握,它就成了一个你可以用来重新评估生活和工作各个方面的简易的工具。关键是要花时间把所有假说都确认清楚。这通常都是最难的部分,因为假说往往都嵌在我们世界观的深处,难以发现,但只要加以练习,它就能够成为一种重新审视自身选择的有效方法。

让我们把这种创造力技术用于盒装寿司试试看。由于我们已经尝试过走低价路线的隔日寿司,因此我们现在换个方向。翻转存疑的创意,改走高端路线,推出一种高级寿司,广告语为"高级寿司:你能买到的最新鲜、最优质的盒装寿司"。或许我们会发现,尽管廉价、不新鲜盒装寿司没有什么市场,但高档包装的超新鲜寿司却有很大的市场空间。我们所需要做的,只是列出人们对盒装寿司的固有印象和假说,然后再得出

07
战术工具集,4个战术让你学会挑选与使用预型

适合我们高级寿司创意的备选方案即可。表 7-1 直观地表示了两种创意产品的对比情况。

表 7-1　两种创意产品之间的对比

盒装寿司	高级寿司
售价 7 美元到 10 美元	售价 14 美元到 20 美元
不超过 3 天	保证新鲜
廉价塑料盒	精致竹盒
假芥末	真芥末
廉价酱油包	小瓶装优质酱油

相比于隔日寿司,我还是更喜欢高级寿司的创意。我甚至可以想象出自己多花几美元所能获得的东西,更新鲜的鱼肉、真芥末、可留作他用的竹盒,以及小瓶装的优质酱油而不是那种塑料酱油包。但那也不过是空想之地中的我会有的反应,不管那包装多么精美,能有多少人真的会花费近 20 美元购买盒装寿司?

另外,你随时都可以开始调整你的创意或探索其他创意,而无须等到确认新产品创意是"错误的它"之后再开始。我们的工具和技术能够让你快速、高效地测试任何创意,那意味着你可以先测试几个不同创意或某个简单创意的不同版本,然后再选定其中值得投资的创意。你不必非得想出某个创意的 100

个不同版本，但多考虑几个不同版本的创意是有益的，毕竟极有可能你的第一个创意并非最佳创意。

微调远胜关键转型

最初的创意不太可能是"正确的它"，大多数人都能明白这个道理，的确，出自空想之地的创意极少是已经成熟且大概率能获得成功的。人们心知肚明必须对最初的创意做一些微调，然而，很多人都是在空想之地使用意见和 OPD 进行微调的，而没有以 YODA 为指引，这也是大多数创意一进入市场就一败涂地的原因所在。

查明市场真正想要什么并进行相应微调的唯一方式就是真正与市场进行接触。别只是问市场想要什么，你应该把预型放到市场上，并要求潜在的用户提供一些切身利益作为对你的创意感兴趣的证明。越早这么做，效果越好，因为等待时间越长，你需要付出的代价越高，最后你会发现自己败得很惨，同时还没有资源来进行调整。

目前，"关键转型"（pivot）是企业家、产品经理和风险投资人常常会讨论到的热词。通常来说，关键转型是指针对新产品或业务的基础构想或市场参与假说的一次重大改变。人们之所以被迫进行关键转型，主要是因为人们发现初始的创意是"错误的它"。大多数关键转型的问题在于，人们常常在团队已经投入了大量时间和金钱开发初始创意之后才发现这一点,这与微调不同。在职业生涯早期,我也参与过几次关键转型,只不过当时我们不用这个词,我们可能只是吼一声"我们搞砸了!"。每当在产品会议上提到"关键转型"这个词的时候,都不可避免地伴随着一股"刺鼻"的"味道"——绝望。然而此时,团队已经把他们大部分的资源都浪费在"错误的它"的身上了,这严重制约了他们的选择。而我想要告诉你的是,事情并不非得如此。

如果你尽早制作创意预型并持续进行微调,你就能避免遭受关键转型的重创,并显著增加最终实现"正确的它"的概率。10次小微调好过一次痛苦的关键转型。

08

一个完整的示例：
BusU，上大巴，学大咖

Complete Example: BusU

做好准备迎接惊喜、
收获其中新知,
该调整计划或
假说的时候别犹豫,
因为这时你可能
已经进入了未知之地。
你要学会灵活应变。

——

08

一个完整的示例：BusU，上大巴，学大咖

到此我们已经准备就绪，可以来看看如何将我们在前面各章所学工具和战术结合使用了。我会挑选一个新业务创意，然后我们一起经历从身处空想之地到收集数据再到决策的整个过程。我不仅会展示我采取的步骤，也会与你分享我的思考过程。请记住，应用这些技术的方式很多，我的方法只是其中之一，而且没有所谓的最佳方式。如果你觉得自己可以做得与此不同或做得更好，那就太棒了，因为这意味着你学得很好。

在本章中我要介绍的这个新业务创意，是我驱车从美国硅谷的家中经101公路前往旧金山市区参加早会时突然想到的。几年前，经过这段路需要开车45分钟，然而，随着旧金山湾区的商业大发展和地产大建设，今天开过这段不足65千米的路程需要大约2个小时，成千上万的人每天都要进行这种3～4个小时的往返通勤。这是多么的浪费时间，但与此同时其中也蕴藏着巨大的机会！

那天早上,注视着红色刹车灯海,我突然就想到了"BusU"这个创意——把通勤的巴士变成教室、把通勤的时间变成学习时间。在龟速前往目的地的间隙,我甚至想出了口号:"上大巴,学大咖"。

当然,我不会傻到认为自己是第一个有这种想法的人,其他人很可能已经考虑过这种业务。或许有些人都已经在尝试了,而我们或许可以从他们的尝试中学到一些东西。借用他人尝试相同创意的成败经验,大家现在应该知道我对此是什么态度,我们可以把 OPD 考虑进来,但这并不能取代我们自己运行试验和收集 YODA 的作用。

如下是我们收集 YODA 的关键步骤概况,我们会将收集来的 YODA 用于指导关键决策。如你所见,我们将使用全部 3 个工具集,即思考工具、预型工具、分析工具。

- 描述最初的 BusU 创意。
- 确定 BusU 的市场参与假说。
- 将 BusU 的市场参与假说写成 XYZ 假说的格式。
- 将 XYZ 假说缩进成可以快速测试的 xyz 假说。
- 确定可用于验证假说的一组预型试验。

- 基于数据距离（DTD）、数据小时（HTD）和数据美元（$TD）有策略地排定试验优先级。

- 运行第一组试验。

- 对第一组试验得出的 YODA 进行客观分析，并以此决定下一步的行动。

记住，这只是我们粗颗粒度的初始计划，跟其他此类计划一样，只要一项创意跟市场建立了联系并且我们收集到了第一批数据，它就可能会变。开始调整之后，我们可能会发现自己在这些步骤之间辗转反侧、流连忘返。通常来说，在运行初次预型试验的过程中，我们或许会碰到对我们的市场参与假说影响极大的意外事件，例如，美国加利福尼亚州通过了相关法律，认定在巴士上授课是违法的。当然，更常发生的是，在我们执行的过程中，我们的初始创意演变成了一个不同的但可能更好、更宏大的创意。做好准备迎接惊喜、收获其中新知，该调整计划或假说的时候别犹豫，因为这时你可能已经进入了未知之地，因此你要学会灵活应变。这就是为什么第三部分叫作"可塑性战术"的原因。

即使战术可能会变，指导原则仍是不会变的。我们使用工具是为了能够进行清晰的思考、彻底的测试和客观的分析。

清晰地思考我们的创意,从 XYZ 到 xyz

初始创意

如下是我在堵车时设想的 BusU 创意的样子:

通过跟当地大学合作,BusU 将在每天运送专业人士上下班的过程中提供由顶级教授执教的广受赞誉的大学课程。这些巴士将按照教室的要求进行定制,可以容纳 30~50 名学生。

我们将首先提供旧金山往返硅谷的 BusU 服务。这段路的通勤时长非常适合提供单程 50 分钟的标准课程。

为了做到在财务上可行,我们给 BusU 的定位是高端的针对高管的专业培训,并相应地制定了适宜的价格。我们计划为 10 个星期的课程收取 3 000 美元的费用。这笔费用看似有些高,但我们希望那些为员工提供了继续教育和培训补贴的高科技公司将支付至少一部分学费。

以上 3 点比较好地描述了我为 BusU 设定的愿景。我甚至还设法添加了一些有意思的细节,并得到了一些数据,这些都让我们编写 XYZ 假说和 xyz 假说的工作变得更轻松些。但

一个完整的示例：BusU，上大巴，学大咖

在此之前，我们必须先确定我们的市场参与假说。

市场参与假说

正如我们在第一部分所看到的，延续商业成功需要很多因素的共同作用，另外我们的假说也都得是正确的才行。BusU 要想成功，我们必须能找到愿意跟我们合作的广受赞誉的大学和著名的教授，还必须能够以较低的成本把巴士改造成教室而不违反交通安全法规，以及一些其他的要求，不一而足。但在此情况下，也正如在绝大多数情况下一样，与市场兴趣度有关的假说是需要进行测试和验证的最重要假说。请记住，有市场就有办法。只要有足够的市场兴趣度，我们就一定会找到合适的办法来与学校合作、招募教授以及在交通法规的框架内开办我们的 BusU 项目。

考虑到 BusU 的目标客户是那些长距离通勤的商务人士，我们的市场参与假说应该以这部分人群为目标市场。会有足够多的职场人士愿意支付私营大学水平的学费来参加巴士课程吗？

下面是我们讨论出来的第一版市场参与假说：

> 很多长距离通勤的职场人士会支付大学学费水平的费用来用参加巴士课程。

这只是一个开始,因为其中的很多描述过于含混不清,很难派上用场。"很多职场人士"是什么意思?多长的距离才称得上是"长距离通勤"?"大学学费水平的费用"是什么价位?我们需要用数字说话,并采取可以靠试验和观察来检验的方式来表述我们的市场参与假说。

XYZ 假说

我们把已经有了一些数字的基于空想之地的愿景跟市场参与假说合并起来,这样我们就可以用 XYZ 假说格式来表述市场参与假说了,也即"至少 X% 的 Y 会 Z"的格式:

> 在单程通勤时间超过 1 个小时的职场人士中,至少有 2% 的人愿意每年支付 3 000 美元的费用来参加一门广受赞誉的 10 个星期的课程。

这样一来,我们"刮掉"了我们的市场参与假说中的很多含糊之处,让隐含假说变得明显,并引入了一些可以用在试验中的有依据的数字。

如果我们能够斩获至少 2% 的目标市场群体来参加每年 3 000 美元的 BusU 课程,那么我们就有了一个坚实的基础可以把 BusU 发展成为一个切实可行的高价值业务。但这一切都还只是"如果",虽然这一假说听起来很有前景、很合理、很可信，但请记住我们目前还在空想之地中，而我们也已经知道这里有假阳性陷阱。因此，接下来我们的创意该"背上行囊"，告别空想之地，前往真实世界中直面挑战了——是时候缩进假说了。

从 XYZ 到 xyz

接下来，我们要把 XYZ 假说缩进成三个 xyz 假说，以便于使用预型进行轻松快捷地测试。我们希望能利用现有资源，把时间和资金方面的投入降到最低，是时候将"全球化策划，本地化测试"战术付诸实践了。

我先审视了当时的状况和资源，看看有什么是可以利用的，并将其罗列如下：

- 我住在加利福尼亚州山景城，这里是谷歌和领英的总部所在地。两家公司在当地都有数千名专业职员，它们也都会为员工提供教育补贴和学费报销。

- 在山景城工作的谷歌和领英员工很多都住在旧金山，他们的通勤方式主要是自驾或乘坐公司大巴。

- 我有很多在谷歌工作的朋友，另外还有一些在领英工作的朋友。

- 我跟一些顶尖的斯坦福大学教授关系很好。

也就是说，我有大量资源可以用于首次试验。很多谷歌和领英员工都是工程师，而大多数工程师都是勤学好问的人，他们是绝佳的 BusU 的目标市场，非常适合用作初始测试。但我应该选择谷歌还是领英来进行我们的第一组试验呢？为了做出判断，我使用了数据距离这一指标。

从地理位置上来讲，谷歌和领英的办公楼离我家都只有十几千米远，两家公司之间也相距不远，在这一点上双方打成平手。但考虑到我认识的谷歌员工比我认识的领英员工更多，如果使用触达目标客户所需发送的邮件数量来度量数据距离的话，选择谷歌更好。我可以把认识的领英员工留到以后试验时再用，并跟关于谷歌员工的试验数据进行比对。这样一来，我最初的缩进目标市场即"xyz"中的"y"就确定为在旧金山居住而在山景城工作的谷歌员工。

现在我们就有了一个易于触达的目标市场，可以用于缩进假说。如下是可以用这个群体来做测试的三个 xyz 假说：

> xyz1: 在旧金山居住而在山景城工作且听说过 BusU 的谷歌员工里，至少 40% 会访问我们的网站并提交他们的谷歌邮箱以获取课程安排的信息。

一个完整的示例：BusU，上大巴，学大咖

xyz2：在旧金山居住而在山景城工作的谷歌员工里，至少 20% 会来听我们的时长为 1 个小时的午餐宣讲来了解 BusU。

xyz3：在旧金山居住而在山景城工作的谷歌员工里，至少 10% 会支付 300 美元来参加由斯坦福大学人工智能教授执教的一个星期的"人工智能入门"巴士课程。

在我们继续之前，我先澄清一个你或许有些好奇的问题，那就是 xyz 假说中 x 的取值问题。在 XYZ 假说中我给 X 的取值是 2%，为什么在缩进后的 xyz 假说中我却给 x 分别取值 40%、20% 和 10% 呢？

我之所以这么做是考虑到了转化渠道方面的问题。并非所有人都会通过走进商店、参加免费宣讲会或是访问电商网站的方式成为付费客户。实际上恰恰相反，注册了免费试用、参加了宣讲会或访问了网站的那么多人中，只有很小一部分会转化为付费客户。

你发出邀请后，100 个人中能有 5 个人真的接受或跟进邀约，比如，拜访你们的门店或是访问你们的网站以获取更多信息，并以此来了解产品的话，你就该偷着乐了。而最后会下单购买或是做出其他形式承诺的可能只有一两个人，甚至一个人

都没有。

这 3 个 xyz 假说的 x 取值不同还有一个原因：这些假说所涉及的切身利益都不一样。

> xyz1：有效的电子邮箱得 1 点。

> xyz2：参加一个小时的宣讲会得 60 点。

> xyz3：承诺支付 300 美元参加一个星期的课程得 900 点（其中 300 美元得 300 点，参加一个星期的巴士课程得 600 点）。

随着对切身利益要求的不断增大，你要有注册人数会下降的预期才行。另外还要记得，到目前为止所有这些数值都只是有根据的猜测、一个起点。试验会告诉我们这些数字跟实战结果是否一致，如果不一致，我们就得调整假说并相应地规划下一步的行动。

虽然已经做出了解释，但你或许仍然对这些假说的准确性及有效性心存疑虑。你或许都已经想到了可以使用的更好的假说；或者你也可能认为我这些数据要么不切实际，要么错得离谱。

一个完整的示例：BusU，上大巴，学大咖

如果你能想到这些方面，那就太好了，因为我们煞费苦心地将高阶创意细化为 XYZ 假说和 xyz 假说就是为了达到这个目的，这就是我们要用数字说话的原因所在。这些初始数值目前只是猜测值，设置这一数值的目的是要引起讨论，让不同观点和分歧暴露出来，以便我们能够解决。在实际的操作过程中，作为探索 BusU 创意的团队成员，我们会先选择几个可能的 xyz 假说，并花几个小时进行探讨，再选出其中的一两个进行聚焦。后续经过多次试验和进一步思考之后，我们或许还会进一步调整这些假说，甚至是提出全新的假说。

请理解这些可能不是最好的 xyz 假说以及不一定正确的初始数值，你还可以采取更好的或不同的方式进行处理。接下来，我们继续向前推进。

选择测试时间与成本最优方案

我们有 3 个 xyz 假说可供选择，必须从中挑出一个做成预型用于首次测试。这些假说都能为我们提供有价值的数据，那么，我们应该从哪一个开始呢？

选择我们的首个预型

既然已经用了"本地化测试"战术，那我们就来看看"现在测试胜过以后测试"和"琢磨便宜、更便宜、最便宜"战术

如何帮助我们判断从哪里开始。为此，我们要根据数据小时和数据美元逐个地评估这些 xyz 假说并给它们打分。

> **xyz1：** 从旧金山通勤至山景城且听说过 BusU 的谷歌员工中，至少有 40% 的人会访问我们的网站并提交他们的邮箱以获取课程安排的信息。

测试 xyz1，我们需要触达至少 100 名谷歌工程师，并且需要开发一个简易网站。我们估计这最多只需几天时间和几美元费用就能实现。因此，xyz1 的时间和成本估算是：

数据小时： 约 48 小时。

数据美元： 不到 100 美元。

这真是很不错。我们再来看 xyz2 的开销：

> **xyz2：** 从旧金山通勤至山景城的谷歌员工中，至少有 20% 的人会来听我们的时长为 1 个小时的午餐宣讲，来了解 BusU。

想要测试 xyz2，我们仍然需要联系 100 名谷歌工程师，但我们还需要花几个小时来制作演讲材料，再花几个星期让它进入谷歌公司的日程安排以及发送通知等。这个试验能让我们收获更多与切身利益相关的数据,但同时也需要投入比 xyz1 更多的时间和精力来做准备。xyz2 的时间和成本估算是:

数据小时: 至少 336 小时①(2 个星期)。

数据美元: 不到 100 美元。

这个结果不算差。但依据"现在测试胜过以后测试"这一战术,xyz1 能让我们比 xyz2 更快拿到 YODA。因此,它仍然是我们用于第一次预型测试的首选。

那么 xyz3 如何呢?

xyz3: 从旧金山通勤至山景城的谷歌员工中,至少有 10% 的人会支付 300 美元,参加由斯坦福大学人工智能教授执教的一个星期的"人工智能入门"巴士课程。

这需要的时间和精力比 xyz2 更多。我们需要找到一名愿意参与此事的教授,另外,还得租一辆巴士。因此,xyz3 的时间和成本预计为:

---

① "336 小时"看着挺怪异的,是吗?这样做的目的是希望你在这个阶段能够以小时而非星期为单位来思考问题。

数据小时：至少 672 小时（4 个星期）。

数据美元：超过 5 000 美元。

相比于大多数市场调研的预算，这已经算得上是又快又便宜了，但对我们这些"预型人士"来讲，现阶段采取这种做法花费的时间和金钱就太多了。请记住"现在测试胜过以后测试"以及"琢磨便宜、更便宜、最便宜"战术。眼下 xyz1 就是我们达到 YODA 最快最便宜的路径。

通过应用我们的战术和相关指标，我们确定了一个可以在几天之内只花几美元就能收获首批数据的 xyz 假说（xyz1）。如果我们的初始试验证实了 xyz1，我们就有了 YODA 可以证明 xyz2 是值得投入更多的时间和金钱进行测试的。如果 xyz2 也得到了证实，那么我们就可以投入更多时间和金钱去测试 xyz3，但我们不可操之过急。现在这个头开得不错，我们继续来做预型。

执行我们的第一个预型试验

如下是我们投入测试的第一个假说：

xyz1：从旧金山通勤至山景城且听说过 BusU 的谷歌员工中，至少有 40% 的人会访问我们的网站并提交他们的电子邮箱以获取课程安排的信息。

我问自己的下一个问题是：如果从旧金山通勤至山景城的谷歌员工是我们的目标市场 y，那么触达他们的最佳方式是什么？

以我对谷歌的了解，谷歌内部应该有一个内部网站或邮件列表，专供那些想要跟同事拼车或是乘坐谷歌巴士的人们使用。我找到了一个在谷歌工作的朋友帮我确认情况是否如此。他整理了一个类似资源的清单回复给我，其中包括一个名为"MTVCarPoolers"（山景城拼车人）的非官方的邮箱列表，这个列表由员工自行管理，且成员超过 1 600 名。这真是好极了！

之后，我经人介绍结识了列表管理员贝丝，还跟她邀约会面并向她介绍了 BusU 的理念。贝丝很喜欢这个创意，还答应说要帮助我进行测试。她说超过一半的列表成员（准确地说是 820 人）都需要在旧金山和位于山景城的谷歌总部之间往返通勤。这么多潜在客户，每次测试 100 人也足够我进行 8 次不同的测试了。由于这个群体正是我预设目标市场的代表性人群，因此 100 人的样本量已经足够有统计学意义了。

这样一来我就有了一种轻松的方式可以触达目标市场，而且还是免费的，接着我还需要建一个预型网站放在网上收集首批 YODA。我买了个合适的域名，使用拖放式网络建站服务如 Squarespace、Weebly、Wix 等建了一个网站来介绍 BusU 的理念，总共有 3 个页面。整个测试过程的总投资为 20 美元和 2 小时，轻松、快速、便宜。

该网站介绍了 BusU 服务的运作方式，并罗列了所提供的课程示例以及执教这些课程的教授的简历。网站访客如果想获得更多信息，需要填写如下一些与切身利益相关的信息：

> 姓名、电子邮箱、谷歌职务、感兴趣的课程和主题、意见或问题。

我跟贝丝展示了我们的预型网站和我们用于收集与用户切身利益相关信息的表格。她建议我做出一点调整，并希望我们提前告知用户实情，说明该服务目前正在探索中因而尚不可用，但如果感兴趣的人够多就有可能会变成现实。贝丝能理解先测试创意的重要性，但她想尽可能地做到坦诚、合乎道德。事实上，我很感谢她能提及此事。做完调整后，我又跟她一起确认了要发给首批 100 名谷歌员工的邮件内容。

第二天早上贝丝就把邮件发了出去。4 个小时之内就有 88 人访问了网站、62 人填写了表格。这真是太棒了！我预估有 40% 的人会填写表格，却得到了 62% 的结果。

08 一个完整的示例：BusU，上大巴，学大咖

但当我更仔细地检查这些数据时，我注意到提交表格的人几乎都在询问该服务是不是免费的，如果不是的话，他们想知道要花多少钱以及谷歌是否会提供资助。这时我才意识到我们应该在邮件或网站上把费用的事情讲得更清楚一些，因为谷歌的员工们早已习惯了享受免费的餐食、按摩和很多其他福利。

我跟贝丝一起探讨了这些反馈，我们都认为应该在下次试验时调整邮件和网站的内容，提前讲明所需开销：3 000 美元参加 10 个星期的课程，价格包含乘车费用。另外，我们还需要明确指出目前这还不是谷歌所批准的继续教育项目，因此学员们需要自己承担全额学费。

但在继续进行试验之前，我们先探讨一下首次试验在 TRI 计量仪上的得分，来看一看我们是否需要调整假说以及如果要调整该如何调整。

不断分析与迭代

xyz1 假说预测会得到 40% 的回应，而我们的测试却得到了非常健康的 62%，这超出了我们的预期，表明市场对此兴趣强烈。通常来说，数据如此之好即大大好于我们的预期意味着该创意非常有可能成功。但由于我们并未在邮件中提及 3 000 美元的价格，谷歌员工们或许以为 BusU 课程是免费提供的或者会由公司报销，因此，我决定对此结果进行保守解

读,并把它评定为有可能。

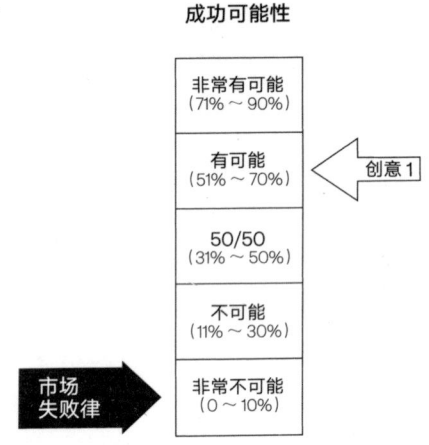

图 8-1　xyz1 假说首次试验的 TRI 计量仪结果

我也可以更加保守些,将试验结果评定为 50/50,或直接作为坏数据抛弃掉。但不管是什么创意想要在市场上得到超过 60% 的人的回应都是极为少见的,我决定接受这一结果并将它作为市场兴趣强烈的证据,而且别忘了"有市场,就有办法"。之后我又进行了一组试验来确定我的想法是对还是错。

第一个结果的确让人倍受鼓舞,但 TRI 计量仪上的黑色大箭头也在发挥作用。它让我们立足于现实,并提醒我们大多数新创意都会在市场上失败,因而我们需要多进行几次成功的试验,获得足够的正向证据,这样才能平衡市场失败律的影响。

08 一个完整的示例：BusU，上大巴，学大咖

与此同时，贝丝约了谷歌的继续教育项目经理见面交流，并得知谷歌不会考虑为 BusU 提供资金支持，除非 BusU 变得更正规，还要能证明它可以提供比其他传统教育机构所提供的课程更有价值。得知这一信息后，我向一位在领英工作的朋友打听是否他们公司也有类似的政策。他的回复是："你需要有一些业绩记录与或认证，这样领英才会考虑将它作为一项支持报销的员工教育支出。"

看样子我们应该去掉假说中雇主补贴可能性的部分，至少刚开始应该如此。这确实让人失望，但"现在好过以后"这条原则同样适用于坏消息，在 BusU 更为正规之前不要依赖公司补贴，我们现在就知道这一点总好过以后才知道。

随后，我对邮件和网站的内容都进行了调整。我清楚地说明了学费是 3 000 美元，也明确指出目前 BusU 课程还无法申请谷歌的教育补贴。接着，我双手合十，祈愿一切顺利，发出了第二批 100 封电子邮件。

这一次结果稍差一些，只有 42 人访问了网站，其中只有 22 人填写并提交了表格。我很失望但并不感到惊讶，高达 3 000 美元的费用支出且公司不会提供资助，面对这种情况，感兴趣的人数减少也是很正常的。因此，是时候把可塑战术的可塑性付诸实践了。

22% 的回应这个结果大概只有我们初始估计值 40% 的一半。但考虑到仍有 22 人愿意自掏腰包为此课程支付 3 000 美元的学费,因此我判定这个结果实际上非常不错,是我们可以接受的。我们这是在调低期望值吗?不!我们是在测试、校准和调整我们的初始假说。我们得到的回应率确实降低了一些,但回应的那些人可都是愿意投入自己更多的切身利益的人。

为了反映出这一变化,我们可以对 xyz1 假说进行如下调整:

- 将预期市场参与度(x)从 40% 调整为 20%。
- 提及 3 000 美元的费用。
- 提前说明课程不适用公司报销政策。

经此调整后的 xyz1 假说如下所示:

xyz1A:从旧金山通勤至山景城且听说过收费 3 000 美元的巴士课程(不适用公司报销政策)的谷歌员工中,至少有 20% 的人会访问我们的网站并提交他们的邮箱以获取课程安排的信息。

或者我们也可以保留 40% 的这一预期,转而降低学费,比如将学费降至1 000美元。经此调整后的xyz1假说如下所示：

> xyz1B：从旧金山通勤至山景城且听说过收费1 000美元的巴士课程（不适用公司报销政策）的谷歌员工中，至少有40%的人会访问我们的网站并提交他们的邮箱以获取课程安排的信息。

此外，我们还可以继续制作xyz2或xyz3假说的预型。我们的选择有很多，但就在我们思考下一步的举措的时候，事情发生了变化……

时来运转

我收到了谷歌员工鲍勃发来的电子邮件，内容如下：

> 你好，阿尔贝托，我从朋友艾米莉那里听说了你的BusU创意，我经常跟她一起上下班。我很喜欢这个理念，也很乐意来讲课。我拥有加利福尼亚大学伯克利分校的人工智能博士学位，开设有一门10个小时的"机器学习入门"课程，在伯克利和谷歌已经讲过好几次，而且反馈很好，评分在4.8～5.0分。我觉得这件事很有意思，因此你不必付钱给我。我们什么时候可以开始这个项目？

鲍勃的邮件和他免费教授人工智能入门课程的提议让我感到兴奋异常。事实上，我有些不敢相信这是真的。下面我们直接来讲 xyz3 假说。

> **xyz3：** 从旧金山通勤至山景城的谷歌员工中，至少有 10% 的人会支付 300 美元，参加由斯坦福大学人工智能教授执教的一个星期的"人工智能入门"巴士课程。

虽然鲍勃并非斯坦福大学教授，机器学习也只是人工智能的一个特定领域，但也已经足够接近了。真是时来运转！但我也没有觉得过于惊讶，在离开空想之地进入现实世界制作创意预型时，我就已经学会了去接受这种情况的出现。

回顾第一批预型的数据之后，又综合考虑了当前的新状况，我决定采取新的行动方案。跟鲍勃见面之后，我调整了 xyz3，如下所示：

> **xyz3A：** 从旧金山通勤至山景城的谷歌员工中，至少有 10% 的人会支付 300 美元，参加由一名谷歌员工执教的一个星期的"机器学习入门"巴士课程。

接下来，我给几家当地运输公司打电话，了解到一辆 40

座巴士从旧金山到山景城的包车价格（含司机）大概是每天1 000美元或每星期5 000美元。我还了解到有些巴士已经配备了电视屏幕，教员可以用来播放胶片投影或是将其用作电子黑板。

如果能够获得至少20人注册（每人300美元）这门时长为一个星期的巴士课程，我们就可以负担得起巴士租赁费用了，还能够收获运营此类服务第一手的宝贵经验，甚至还能为鲍勃的时间和投入支付一定的费用。基于此前试验的YODA，我预估如果我们把邮件发送给200名谷歌员工，那么应该至少有10%的员工会注册这门课程。如果能获得更多客户，那当然更好，但是巴士最多只能承载40人。

我跟贝丝介绍了鲍勃的提议并解释了我们的新计划。她比之前更显得激动，她说："我喜欢员工教员工的想法。"跟鲍勃教授确认完授课日期后，我把我们的首门真实课程更新到了网站上，并增加了一个注册和在线支付的页面。

第二天，贝丝给名单上的200名谷歌员工发送了邮件，介绍了这门课程、300美元的费用以及时间表，并明确指出这并非谷歌批准的服务，而是一家新公司的试点项目，因此也无法作为教育费用报销。才两天不到，就有48人注册并付费了！我们首次开班席位已经卖光，而且还有8人在候补名单。也就是说，200人中的48人最终购买了我们的服务，参与率为

24%，这可比 xyz3A 假说的 10% 的估算可好太多了！

现在，BusU 的银行账户上有了 14 400 美元的资金，也就是 14 400 切身利益点（48 位注册学员每人支付的 300 美元各计 300 点），我就喜欢这种 YODA。初始客户群还需要投入很多个小时的时间也即更多的切身利益，但由于这些时间是他们无论如何都会花在通勤路上的，因此我决定谨慎处理，就不把它们纳入切身利益点的计算了。接下来，我们该上车了！

我订好了大巴，两个星期后的星期一早上 8:30，首班 BusU 课程大巴载着 35 名学员在雨中驶离了旧金山。为什么只有 35 人？其中 3 人因为计划有变而无法同行，并要求退款；另外还有 2 人因迟到而错过了大巴。只不过，当时已经来不及让候选名单上的人来填补空缺了，因此我们只能给他们办理退款，好在我们支付完退款后，仍然有足够的钱可以支付这次预型的开销。但是，如果还要继续推进此创意，我就得制定一个应对错过大巴这种情况的解决方案及退款流程，或许我可以参考航空公司的做法，允许 5%～10% 的超额预订量。这些都是我们通过运行预型学习和收获到的来自真实世界的宝贵经验。

好在本周剩余时间进展非常顺利。35 名学生完成了历时一个星期的课程，并荣获了首批"BusU 文凭"。

08
一个完整的示例：BusU，上大巴，学大咖

接下来怎么办？我们首次试验成功，但还需要更多数据。具体来说，我们很想知道人们对 BusU 的这一波热乎劲儿能否转化成为持续的关注度。大多数企业都需要回头客才能够成功并保持盈利，BusU 也不例外。那么，我们的初期客户有多少人会再注册另一门课程？

从新数据到新决策

通常，课程结束后都会发一份问卷让学生们填写对课程材料和讲师的评价。除此之外，此类调查还会提出诸如"你是否会再参加 BusU 其他课程"以及"你是否会向同事们推荐 BusU"等一些问题。至此，你应该已经明白类似"你是否会……"这样的问题或许能为你提供一些有意思的见解，但它们并非数据，因为其中没有涉及切身利益。因此，鲍勃和我决定不问那些无关痛痒的假设问题，我们决定给第一组学员发一封电子邮件，针对下一堂课给出了如下两个涉及切身利益的选择：

选项 1：花费 3 000 美元参加 10 个星期的完整的人工智能课程（与原始计划一样）。

选项 2：花费 300 美元参加 1 个星期的下一堂课"机器学习进阶"。

另外，我们还告诉他们有任何反馈或建议都可以分享给我们。

两天后，我们检查了最新数据：

- 21 个人注册了我们的第二套课程。也就是说超过一半的学生愿意做回头客。

- 没有人报名参加 3 000 美元的 10 个星期的课程。

- 大多数学生反馈说，尽管他们很喜欢早上的课程且从中受益良多，但晚上的课程有点难以跟上进度，因为经过一整天的工作之后他们都很疲惫，在回家的路上只想要放松休息。另外，授课老师鲍勃也承认晚上上课难度高很多，因为他也一样很累。

这就是把创意带出空想之地进行预型测试时所能收集到的宝贵 YODA 的真实案例。这些数据非常清楚地表明，300 美元 1 个星期的课程比最初设想的 3 000 美元 10 个星期的课程更受欢迎，也更容易安排时间、规划和销售策略。此外，我们还了解到，尽管早上的课程效果很好，但晚上的课程不管是对学生还是对老师来说都很有挑战性，因为在一天结束的时候大家都非常疲惫。

08
一个完整的示例：BusU，上大巴，学大咖

在接下来的 6 个星期里，我们又进行了两次 1 个星期课程的预型试验，对谷歌员工和领英员工各试验一次。这些新试验的结果与 xyz3A 一致并进一步证实了它。这意味着我们的假说已经可以推导至数据，因而我们这就有了第一组的 YODA：

> YODA1： 在 600 个样本中，132 位（22%）从旧金山通勤至山景城的谷歌和领英工程师支付了 300 美元参加 1 个星期的 BusU 人工智能课程。

跟这个 YODA 有关的是约 40 000 美元的切身利益（300 美元 ×132）。此外，在预型测试过程中我们还获得了其他有价值的 YODA，比如：

> YODA2： 在学完 1 个星期 300 美元的 BusU 人工智能课程的 132 位学生中，没有人报名参加 3 000 美元 10 个星期的课程。

> YODA3： 在学完 1 个星期 300 美元的 BusU 人工智能课程的学生中，有 48% 的人报名了相同价格的另一个为期 1 个星期的课程。

> YODA4： 在报名的学生中，约 12% 的人会错过第一节课并要求退款。

YODA5： 89% 的学生更喜欢只在早上上课。

我们并没有浪费时间基于 OPD、意见和各种未经验证的假说来编写 BusU 的商业计划，而是把时间用在了收集数据以展示这个商机是真实存在的。因为，在编写商业计划之前，我们得先确保这个创意是有市场的。

下一步要做什么

YODA 的意思清楚明确。数量可观的高科技专业人士对 BusU 1 个星期的课程感兴趣，但对时间更长、费用更高的课程则不感兴趣。因此，至少在目前，我们已放弃了提供 3 000 美元 10 个星期的课程——创意 1。我们决定专注于 300 美元 1 个星期的课程——创意 2，同时对初始计划进行了微调：我们将正式授课限制在早上通勤时段，夜间通勤时段则用于更轻松的非正式工作交流以及讲师问答。

我们更新了 XYZ 假说和 xyz 假说，同时又做了几次预型试验以验证新模型。在此过程中我们收集了更多的 YODA，还学到了很多宝贵的经验教训，比如，我们可以在巴士上售卖咖啡和零食来获得一些额外的收入。如下就是经过 5 次试验之后 BusU 基于创意 2 的商业模型 TRI 计量仪的图示（见图 8-2）。

看来新版本的 BusU 成为"正确的它"的概率很大,你觉得呢?

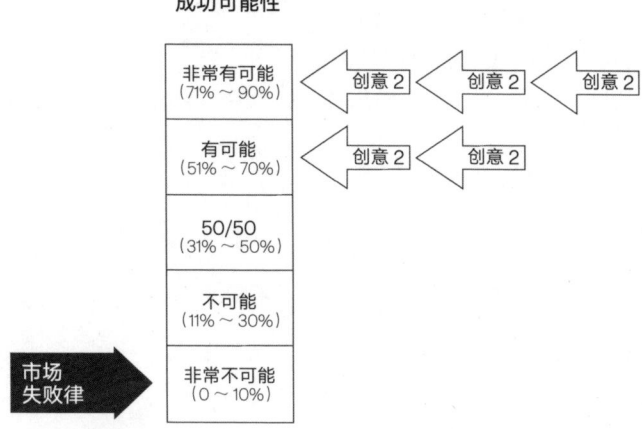

图 8-2　经过 5 次试验后的 BusU 创意在 TRI 计量仪上的表现

部分总结

不能忽视的 4 个注意事项

在结束本部分之前,我想先指出有关 BusU 案例的一些重要事项。

> **注意事项1:** 在验证创意的过程中,我们收集到的那种附带切身利益的 YODA,将有助于我们在寻求风险投资时给出具有说服力的商业案例陈述。

- 我们展示的是实际成本、实际收入、实际利润以及难以忽视的切身利益型市场反馈,例如,在上过一堂课的学生中有 48% 的人都至少又购买了一堂课,而不是用希望、炒作和幻想版"五年财务预测"堆砌而成的基于空想之地的商业计划。

- 成功完成的那几门课程证明我们有能力开展这样的业务,即我们能够把这个创意执行到位。

- 为了测试该创意而投入的自身利益（时间和金钱）以及所克服的众多挑战与阻碍，展示了我们的承诺和韧性。

- 我们基于所收集到的数据调整了最初的愿景和商业模式，这展示了我们响应市场的灵活性和敏捷性，它们可是在当今瞬息万变的市场上取得成功的两个必备特质。

团队将上述所有数据和证据展示给潜在投资人，不仅能显著提高他们获得投资的机会，他们还能够因此获得足够的底气要求得到更高的估值。

注意事项2：这是一个为了阐述我们的方法而虚构的场景，但确实是以真实故事为基础的。当我堵在通勤车流中时，我确实有想到 BusU 创意，而且我也曾认真考虑过是否要将这个创意变为现实业务。此外，我所描述的一切都是合理且可行的：谷歌确实为员工提供了免费的通勤巴士且会报销部分学费；租赁巴士确实能够以1 000 美元每天的价格租到，而且我也确信自己能够找到愿意教授人工智能课程的专家。

注意事项 3： 本示例以大圆满结局收尾，但并非是我们创意的第一个版本。如果我们原封不动地全力执行以 3 000 美元 10 星期的广受赞誉的课程为基础的原始计划，我们的 BusU 业务必将失败！最初的 BusU 创意是"错误的它"，我们是通过测试和调整发现了"正确的它"版本的 BusU。

注意事项 4： 我使用 BusU 案例是为了向你展示综合应用我们所学工具和战术的一种方法，以及事情可能的发展走向。事件发生的顺序和结果可能会因案例的不同而有所不同，但总的来说，你的目标是要从粗略的创意拓展到可验证的假说，再到试验，然后是试验所获得的数据，以及基于这些数据来决定下一步要做什么。根据所获得的数据的本质和质量，下一步可以采取的措施可以是细微地调整创意或假说并进行更多测试，也可以是完全放弃该创意。如果你足够幸运的话，你会发现你的创意正在渐渐成为"正确的它"。

THE
RIGHT IT
结 语

失败是野兽，成功也会是

我在本书开头写下了如下这段不详之警示：

它在等待，耐心点。

相信它很快就能将猎物捕获，一贯如此。

谁都无法摆脱它的影响，只有极少数人能幸免于难。

无论如何，失败之兽都终将把我们逐个捕获。

创业失败后的那些日子里，我在笔记本上

写下了这段忧郁的文字。我都还没搞明白发生了什么事，这些文字就从我的笔尖里"钻"了出来。可能的确是因为我当时情绪不佳，对我来说那是一段黯淡痛苦的时期，原因有二，其中一个很明显，而另一个则不太明显。

我情绪低落的明显原因是：我们公司一开始就令人难以置信地拿到了三家成功的风险投资公司 2 500 万美元的投资，没想到的是，在数十位顶尖人才辛勤工作 5 年之后，结局却是公司停业并被出售。尽管这让我和很多同事都倍受打击，但我知道我们都能够从失败中走出来并继续前行。

虽然跟投资人、董事会和律师们召开的最后一次会议并不好玩，但也没我想象中的那么糟糕。在这次会议中，没有人大喊大叫，也没有人大发雷霆或是相互指责。恰恰相反，会议的基调混杂了失望、理解和淡然（这让我有点儿惊讶）。因为投资人、其他董事会成员和律师们已经多次经历过相同场景：绝妙的创意 + 良好的计划 + 大量资金 + 强大且经验丰富的团队 + 执行到位 = 失败。对他们来说，这是常有的事情，大多数创业公司都会失败，甚至是那些很有前景、看似必然成功的公司也一样。还记得前文提到的 Webvan 吗？

我也知道创业失败的概率很大，但却未曾想过那会与我们公司有关。我一直认为这一概率不可能会影响我们。首先，我们开展了详尽的技术尽职调查，完成了市场研究，撰写了出色

结 语
失败是野兽，成功也会是

的商业计划书，并从优秀的投资者那里得到了资助。然后，在组建了一支了不起的团队之后，我们打造出了我们曾声明要打造的且目标用户也表示他们想要、需要并一定会买的产品。换句话说，几乎所有的问题我们都考虑到了。

所以，为什么我们最终会失败？我百思不得其解。

我情绪低落的第二个不明显但却更深刻、更长久的原因就在于此。这令我感到暗无天日、痛苦万分、深入骨髓，因为我内心深处关于世界如何运转的一些信仰已经破碎。我目睹过、学习过、相信过和模仿过的成功秘诀却辜负了我。

起初，我感到迷失、绝望和被背叛。随后，这第一次重大失败所带来的震惊和痛苦慢慢地变成了一些更为健康的东西：一种想要理解这种事情如何发生以及为何会发生的渴望，不仅仅是为了我们公司，也是为了任何想要把新创意带给世人的其他人，我想运用这种理解来预防它再次发生。正如我在序言中所说的，失败之兽"咬"了我，而我可以选择舔舐伤口，也可以选择回咬一口。最终，我决定回咬它。

我想要弄明白我们在哪里出了错以及为何会出错，探索可以阻止未来出现这些错误的方法，并与全世界分享我的这些发现。这就是我写作本书的目的。

在本章中，我将回顾并总结这些发现，复述并强调其中的一些要点，并以一些重要建议和鼓励作为结尾。

正确的它：回顾

回顾硬事实

第一部分开宗明义，直接提出了本书的指导原则：

> 先确保你在构建"正确的它"，再确保你能把它构建正确。

要找到"正确的它"，你必须学会面对大量硬事实，硬事实有时是难以接受的，但通常都难以避免而且不大可能会改变。所有硬事实中最根本的一条就是市场失败律：

硬事实 1： 大多数新产品都将在市场上失败，即使所有的方案都被执行到位也不能避免。

大多数新产品在市场上失败是因为它们是"错误的它"。"错误的它"的定义是：一个即使所有的方案都被执行到位也将在市场上遭遇失败的新产品创意。

下面是第二个硬事实：

结 语
失败是野兽，成功也会是

> 硬事实 2：不管多么绝佳的设计、巧妙的工程或营销手段，都无法拯救一款"错误的它"产品，并使其不被失败之兽吞噬。

第二个硬事实说明了为什么即使是世界上最成功的公司如可口可乐、迪士尼、谷歌等也经常会推出失败的新产品。这些执行过程极为专业的新产品之所以会失败，是因为它们的前提是错误的，不管设计、构建或营销做得有多好或是由谁来做，市场对它们都不感兴趣。

接着我引出了本书的"英雄"——"正确的它"。"正确的它"是一个创意，是一个只要执行到位就能在市场上取得成功的新产品创意。这就为我们揭示了第三个硬事实：

> 硬事实 3：找到"正确的它"产品并将计划执行到位是你成功的唯一机会。

但在实际构建产品之前，我们怎么能知道一个创意是不是"正确的它"呢？如果产品都还不存在，我们又如何去判断市场是否需要它呢？"我们可以问人们是否需要或会不会购买我们的产品"，这个答案看似合乎逻辑，实际上却错得离谱。

这种在空想之地构思和执行的方式产出的是意见，而非数据。而人们的意见包括所谓的专家意见都不是可靠的成功预测依据,因为我们的思维过程和结论不可避免地会受到认知错误与偏见的影响。在空想之地,很多"错误的它"创意得到了目标市场的强烈支持(假阳性),而很多"正确的它"创意却被贬损为不足的、荒唐的(假阴性)。

因此,在验证新产品创意时,我们不能依靠人们的想法、言论或口头承诺。相反,我们需要认识到如下这第四个硬事实并据此采取行动,以逃离空想之地四大怪的魔爪:

硬事实 4: 数据胜过意见。

但这并不是说任何陈旧数据都可以,他人的数据(OPD)更不可以。最好的 OPD 也依然是不可靠的,因为其他人在其他时间使用其他产品的情况并不一定就适用于我们的新产品创意。

因此,这第五个硬事实就说明了我们需要的是哪种数据:

硬事实 5: 你需要收集你自己的数据(YODA)。

如果"数据胜过意见"且 YODA 胜过 OPD,那是否意味着 YODA 胜过关于你的创意成功可能性的所有其他不同来源或形式的数据呢?是的!需要特别强调的是,YODA 胜过其他所有数据,前提是你的 YODA 必须是经过严格且客观地收集、

结 语
失败是野兽，成功也会是

过滤和分析得出的。

如下这最后一个硬事实确保了数据的质量：

硬事实 6： 市场数据必须与切身利益相关才可称为合格的 YODA。

你不能只是"问"市场对你们的新产品感不感兴趣、愿不愿意购买，然后就把人们的回应当真了。你需要让他们用一些与切身利益相关的东西来证他们的声明和承诺，最好是用金钱这种最普世、最易量化的东西。可是，先构建创意还是先收集 YODA 以判断创意是不是"正确的它"，这个"鸡生蛋还是蛋生鸡"的难题你又该如何解决呢呢？你可以使用我们在本书第二部分中提到的工具。

回顾利器

最后，穿越硬事实的围堵，我们遇到了第一个好消息：不仅 YODA 是可预示着市场成功的最可靠、最相关的标示，相比于收集无价值的意见和过时的 OPD，收集 YODA 也更快、更便宜、更有趣，只要你使用了正确的工具。

思考工具

寻求可靠的 YODA 的第一步就是要避免创意在空想之地染上思想模糊症,即含糊的描述、未明确的假说等等,并将它尽可能精确和清楚地表述出来。这一步对团队来说特别有价值,因为它有助于找出并调和团队成员在概念层面的认知差异。

在每个新产品创意的背后,是市场参与假说。市场参与假说是针对我们所假定或希望的市场与我们产品互动方式的高阶描述。例如,隔日寿司案例的市场参与假说如下所示:

只要价格足够便宜,就会有很多人购买不那么新鲜的寿司。

市场参与假说虽然是必不可少的起点,但其往往会由于太过含糊而难以发挥出应有的效用。我们要用数字说话,将含糊的市场参与假说转换成不含糊的 XYZ 假说,使用"至少 X% 的 Y 会 Z"的格式。

如果价格只有普通寿司的一半,至少 20% 的盒装寿司食客会购买隔日寿司。

最后,我们需要对假说进行缩进,从一个宽泛的 XYZ 假说推导出一组较具体的 xyz 假说,以便于我们又快速又便宜地进行测试。示例如下：

> 如果价格只有普通盒装寿司的一半，在 Coupa 咖啡厅吃午饭的学生中至少有20%的人会选择隔日寿司。

经过这三个步骤，我们将一个模糊的高阶创意转变成了一个表述清晰、可测试的假说。现在，有了 xyz 假说助阵，我们已经准备好可以在目标市场检验我们的新产品创意了。尽管我们还没有可以用来检验假说的产品，但预型方法能够让我们在没有成品的情况下继续前进。

预型工具

预型方法是验证创意时的关键角色。预型与传统的原型不同，设计和构建原型通常是为了验证能否成功构建产品、探索最佳构建方式以及测试创意的落地是否符合预期，而构建预型则只有一个极其重要的目的：验证我们的市场参与假说。

原型可以帮助我们解答"我们能否把我们的创意构建出来？"这样的关键问题。而预型所解答的则是一个更根本的问题："我们是否应该构建它？"有了预型方法，我们就可以快速、低成本地回答这个问题。传统的原型往往需要花费长达数周、数月甚至数年时间和数百万资金来开发，而预型试验却可以在数小时或数天之内只花费很少的代价就能够获得数据。

我们介绍过的土耳其机器人预型、匹诺曹预型、假门预型、假面预型、YouTube 预型、一夜情预型、潜入者预型、改标签预型都是预型技术，但它们也只是众多有效、高效且有趣的创意预型方法中的一小部分。对于任何一个新产品创意来说，都至少存在一种很好的与之相适应的预型方法，并可用于在数小时之内获取一些 YODA。我鼓励大家修改、调适和组合这些基础技术以便使其能更贴合你的创意。如果你能发明你自己的技术、试验使用之后再给它取个名字，那就更好了。

分析工具

运行过几次精心设计的预型试验之后，你将会拥有最有价值、相关性最高和最可靠的那一类数据，即直接来自目标市场的新鲜的 YODA。但仅仅拥有新鲜的 YODA 还不够，你还需要进行校准和诠释，然后才能形成总结并将其用作决策的依据。切身利益卡尺和 TRI 计量仪是一对分析工具，使用它们可以精确且客观地对你所收集的 YODA 进行考量、分析和诠释。

切身利益卡尺可以根据你所收集的数据所包含的切身利益的大小给予适当的数值。比如，支付 250 美元订金的估值高于支付 50 美元订金加入候补名单的估值，而对这 50 美元的估值则高于用提交的一个邮箱。至于意见、点赞、喜欢及评论，当然只能是 0 点了。

结 语
失败是野兽，成功也会是

　　TRI 计量仪是一种图形工具，用于将每次预型试验所获得的结果跟你的 XYZ 假说和 xyz 假说进行比对，以此判断 YODA 能够在多大程度上支持你的创意是"正确的它"。TRI 计量仪使用从"非常不可能"到"非常有可能"的 5 级刻度，在底部指向非常不可能的黑色大箭头是市场失败律，这是为了提醒人们：绝大多数的新创意都将在市场上失败、只有几次效果不错的试验是不足以抗衡市场失败律的。

　　由于大多数新创意都会失败，因此，如果你做到了客观地设计试验、公平地评估结果，那么等看到前几次结果在 TRI 计量仪上指向不可能或者非常不可能的时候，可别感到惊讶。但只要你继续坚持下去，除非你真的运气太差，你最终都可能会看到创意箭头指向 TRI 计量仪上的"有可能"或"非常有可能"。当然，这不是什么保证，但假设你做到了认真、客观、公正地应用这些工具并对获得的数据进行检验，那么呈现积极结果的 TRI 计量仪应该可以让你进入创意开发的下一个阶段——把它构建正确。

回顾可塑性战术

　　"全球化策划，本地化测试"、"现在测试胜过以后测试"和"琢磨便宜、更便宜、最便宜"等一些战术能帮助你更高效和有效地使用本书提及的工具。这些战术建议你在设计试验时要尽可能做到使数据距离、数据小时和数据美元最小化。最后一个战术是"先调整再翻转,再谈是否放弃",它讲述了在最初几次试验的 YODA 不尽人意时,先尝试调整创意再考虑放弃的重要性。第一版的创意或许是"错误的它",但很可能多调整几次就能得到"正确的它"了,我们需要做的是测试、调整、重复。

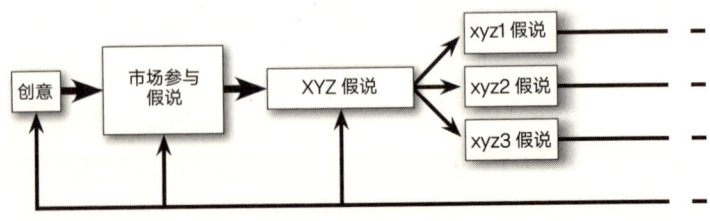

图 9-1 可塑性战术的完整流程示意图(上)

本部分最后一个综合案例是在通勤巴士上授课的 BusU 创意,这部分内容展示了如何将多个工具及战术组合用于实战。我们一直从创意推进到了假说,再到试验,最后到决策。这个案例很真实,充满了意料之外的挑战和机遇,它证明了根据试验所了解到的市场情况来调整初始创意、改变计划是完全可行的。事实上,这正是你应该做的事情。

没有任何保证

截至目前,我们的论述已经涵盖很多领域了,但看起来或许依然有很多我们需要关注的地方。正如爱因斯坦的名言"事情应该力求简单,但不能过于简单"所说的那样,如果我还能将这套方法进一步缩短或简化的话,我一定会进行调整。然而,其中的每个步骤都很符合逻辑,因而使人很容易记住,而且只要勤加练习就能够习惯成自然并成为你下意识的行为。

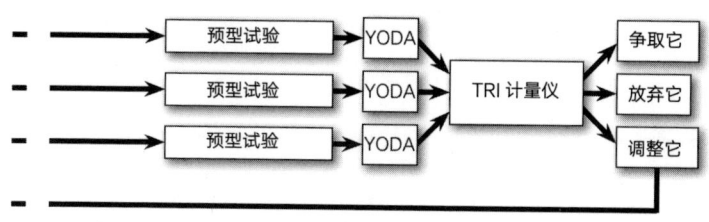

图 9-2　可塑战术的完整流程示意图(下)

上述流程具体包括以下 7 个步骤:

- 选择一个创意作为开始。

- 确定市场参与假说。

- 将市场参与假说转换成一个用数字表示的 XYZ 假说。

- 将假说缩进至一组更小、更易于测试的 xyz 假说。

- 使用预型技术运行试验并收集 YODA。

- 组合使用切身利益卡尺和 TRI 计量仪来帮助你分析 YODA。

- 决定下一步：

    1. 争取它。你无法 100% 确信你的创意就是"正确的它"，但从 YODA 来看非常有希望，你愿意承担已经充分估计过的风险。

    2. 放弃它。尽管你很希望你的创意能够成功，但从 YODA 来看则希望渺茫。

    3. 调整它。在测试创意的过程中，你对目标市场及其参与产品互动的意愿有了更深刻的理解。不要犹豫，请随时利用你在此过程中学到的东西来调整你的初始创意或假说。你或许会发现，尽管初始创意缺乏足够的市场关注，但某些与之相关的其他创意或许却有极高的市场关注度。或者干脆彻底颠覆这个创意，看看会发生什么。

然而，即使能够将以上这些步骤执行到位，你也无法确保你的创意能够在市场上成功。可能会让那些最有前途和测试良好的创意在市场上失败的外部因素是无法预测的，我们也无法采取措施去阻止它们。但如果你能够努力地遵循和运用我在本书中所分享的内容，我就有足够的信心给你如下 3 个承诺：

承诺 1：大大降低你的失败概率。有多大幅度？如果你执行的设计良好的预型试验足够多，它们的结果也能为你的假说提供强有力且一致的证明，那么你可能就已经找到了"正确的它"。有了"正确的它"，你应该能够从 80% 左右的失败概率变成拥有 80% 左右的成功概率，当然，前提是你能够把该创意方案执行到位，即把它构建正确。不可预见与不可预防的外部事件和厄运仍然可能会导致你的创意以失败告终，但如果真的发生这种情况，我向你做出第 2 个承诺。

承诺 2：即使遭遇失败，也不要觉得这是自己的失败。如果你是因为没有充分验证创意而遭遇失败，那你确实应该好好反思自己哪里做得不对，尤其是现在读完本书之后，你应该已经懂得更多了。但如果你是在坚持不懈地进行客观的市场测试之后仍然不幸地遭遇了失败，那么请记住我的第 3 个承诺。

承诺 3：坚持下去，终将成功。在整本书中，我一直在讲失败之兽和市场失败律。失败是本书中的反派角色，它引起了我们的兴趣、吸引了我们的关注，但不要忘了：尽管成功的创意很少，但也并不罕见。如果 80%～90% 的新产品都将在市场上遭遇失败，那同时也就意味着有 10%～20% 的创意最终取得了成功，这就是我们可以拼搏的机会区间。

这意味着如果运气好的话，应用本书中所学，你或许得尝试提出并测试 5～10 个创意或初始创意的变体，才能命中一个"正确的它",当然前提是每个后续创意或创意的变体都整合并吸纳了此前市场试验所获得的认知。即使预型试验未能证实你的假说,你也能发现有关市场的新认知,比如新事实、你之前不知道的新机会、新资源等。如果你够聪明,你就会使用那些新信息和新发现的资源来指引自己的下一步行动,进而帮助自己更快找到"正确的它"。

这有点像是纸牌游戏中的记牌:如果你记下所有已经出过的牌,并据此进行下注,即剩余的牌对你不利则少下注,对你有利则多下注,那么你就可以提高自己获胜的概率。这就是为什么大多数赌场都禁止使用记牌器的原因。当然了,真实世界的复杂度之高、可预测性之低远非一款纸牌游戏可以比拟。在真实的市场上,对于任何创意来说,风险、回报和成功的概率自始至终都在变化,这也是为什么拥有第一手新鲜的 YODA 如此重要的原因。但是,你在特定市场做试验时收集的数据越多,你就越能增进对该市场的理解,也越有可能汇聚得出一个"正确的它"。

至此,我们的总结就快要完成了。最后,我们还有一个极为重要的议题需要讲。

构建什么

我所分享的工具和战术都是非常强劲有效的,希望你会亲自使用它们并有所收获。只要使用得当,它们就能够帮助你避开"错误的它"、找到"正确的它",并提高你的创意的成功率。这可不是什么微不足道的小事,如果使用得当,你就能够获得巨大的优势!

但能力越大、责任越大。你将如何使用这种能力?或者更准确地说,如果你有足够的信心认为自己能够获得成功,那么你会构建什么样的新创意并把它推向市场?

这可是一个大问题,一个存在主义的问题。这个问题值得深思,因为,即使我们确信自己拥有了"正确的它",我们仍然需要耗费大量的时间、资金、努力、牺牲和承诺才能够把它构建正确并维持发展的态势。完整、妥善地解答这个问题已经超出了本书的范围,但我会简要介绍这个问题的两个关键方面:

- 对你来说,这个创意是"正确的它"吗?
- 对世界来说,这个创意是"正确的它"吗?

确保它是你的"正确的它"

最好的创意即是那些市场予以最大关注和热情去响应的创意,往往也是需要最多的努力和承诺的那些创意。或许在不知不觉中，就已经有成千上万名顾客迫不及待地在敲你的门了。这很是让人兴奋，但也让人有些不知所措。除非你已经全身心投入该创意，并已经做好了后续的准备工作，否则这种成功甚至会比失败更让你头痛万分。

我在职业生涯早期就听一名经理描述过这种状况，他称之为"成功灾难"。他很喜欢说："如果你觉得失败很艰难，那你一定没有经历过真正的成功。"一直到我自己也经历了一场"成功灾难"之后，我才真正理解了他的意思。他是对的！失败是野兽，但成功也是野兽，找到并抓住一个"正确的它"，这种经验往往可以用成语"骑虎难下"来形容。

这就要提到本书最为关键的部分：

> 先确保你在构建"正确的它"，而且你真的关心它，再着手把它构建正确。

正如我们所了解到的，找到"正确的它"并不容易，需要许多的工作、创意和坚持。除非你非常幸运，否则都需要经历几轮测试、遭遇失败并对创意进行重新打磨的过程，只有这样，你才能够找到可以成功通过市场验证过程并存活下来的创意。因此，当你最终发现从中胜出的新产品创意时，要准备好公平地对待它，也要准备好面对接下来的艰苦工作。找到"正确的它"是一个挑战的结束，也是另一个更长、更艰巨的挑战

结 语
失败是野兽，成功也会是

的开始，这个挑战就是要把它构建正确并正确地进行营销和服务，在此过程中还要跟找到"正确的它"创意之后不断出现的竞争对手展开竞争。

通常来说，我们不大可能会经历马斯克所经历的那种级别的成功灾难，但你肯定也会有你自己不得不应对的各种各样的问题、复杂局面和小灾难。而且，除非你真的很关心你的创意，否则你不会有那种动力去处理这些阻碍并争取产出成果。换句话说，要想让一个创意最终能够获得成功，只是确认这个创意对于市场来说是"正确的它"是不够的，它还必须是你的"正确的它"。

怎么能提前预知创意是不是你的"正确的它"呢？这个问题并没有确定的答案。我们需要离开空想之地进行预型试验，这不仅能告诉你市场对你的创意的真实回应，你还能够知道自己关于推进该创意工作的感受。这正是使用预型方法的另一个重要原因。我来解释一下。

搞清楚你的假说、对假说进行测试并客观地分析结果，这就是在市场上检验创意最有效也最高效的方式。它需要承诺和大量工作投入，但它应该也是有趣、振奋人心和令人愉悦的。如果你在以前与创意"共事"时没有感觉到趣味和激动，那么可能是你做得不对，或者你所测试的创意及相应的市场并不适合你。而且，你不应该忽视这种情况，因为它是一个强烈的信号,意味着你的创意可能并不是你的"正确的它"。

如果你并不享受对你的创意进行预型试验的过程,那么你就得问问自己一些艰难的问题,比如:

- 假如在空想之地孵化出的这个创意成了"正确的它",它是否也有可能成为我的一项事业?
- 我是否适合从事这种工作,这种产品、服务或业务是否是我认可的?
- 接下来几年我真的想进入这个市场吗?

如果你无法肯定地回答这些问题,那你就应该重新考虑是否要继续实现这个创意,即使这意味着你要放弃一个有可能在市场上获得成功的创意。没有人会想要被一些自己不关心的事情所困扰,如果你对这个"正确的它"不是十分热爱,那么早晚有一天你会觉得受够了,继而不愿再全力以赴完成把它构建正确的工作。而那样做不管是对你的创意还是你的投资人、客户或是你自己来说都是不负责任的。

很多人都梦想着开一家餐厅,我也不例外,一直以来,我和妻子时不时就会讨论这事。在空想之地,拥有一家餐厅听起来很棒,你可以享受设计餐厅、创作菜单、与顾客亲切交谈的乐趣,还能赚很多钱。但每一个餐馆老板们都明白,现实情况

结 语
失败是野兽，成功也会是

与之截然不同，根本没有那么迷人。即使你的餐厅理念是"正确的它"，你也还需要投入更多的时间去处理营销、人员事务、供应商、会计等各方面的问题，而不是只需考虑做出好吃又好看的美味菜肴。

对创意应用预型方法，你不仅会知晓创意是不是"正确的它"，还会知道你自己是不是执行该创意的合适的人选，这同样很重要。接下来，让我跟你分享一个典型案例。

两年前，我收到了一位名叫达雷尔的年轻企业家发来的一封电子邮件。达雷尔提出了一种创新又环保的尿布寄送与处理服务的创意。他已经阅读过我的 *Pretotype It* 这本小册子，并觉得我所介绍的两种预型技术非常适合用来测试他的创意。为了确认自己没走错路，他联系了我并介绍了他的理念，还希望我给他的预型计划提一些意见。我给了他一些可以帮助他把测试做得更客观的微调建议，还让他跟我保持联系。

几个月后，谷歌让我去给一家大型消费品企业的尿布部门做一次预型方法的讲座。在准备这个讲座时，我想起了达雷尔的尿布寄送创意。我好奇心大发，很想知道他的预型试验结果如何，于是我就联系了他，想要了解他的最新情况。第二天，我收到了他发来的一封邮件，内容如下：

阿尔贝托，很抱歉我没能按承诺跟你保持联系。

我执行了我们探讨过的那些试验，结果还不错，足以说服我这个创意确实有很大的机会成为"正确的它"。

但是在此过程中，我意识到我并不是真的想要从事尿布生意，那不是我热爱的。我现在很确定我能够让我的这个创意取得商业上的成功，或许还可以做得非常成功，但是我从中得不到任何乐趣。坦率地讲，我讨厌它！它是个好创意，但或许应该由其他人来做这件事情，而不是我。我已经知道我对尿布根本不感兴趣，我甚至都还没有孩子呢！我只会是为了钱而做这件事，我真正热爱的是足球。因此，我会尝试提出一个与足球相关的创意，并应用你的技术。

很抱歉浪费了你的时间并让你失望了。

实际上，达雷尔并没有浪费我的或是他自己的时间，他也远远没有让我感到失望。他发现尿布生意对自己而言没有足够的吸引力，这对他来说是件好事！他发现了这个行业不是他的热爱，这是很棒的事情。对他来说，现在就能发现这一点可比等以后深陷其中之时再发现要好得多。

在你使用预型方法测试创意及其市场时，从某些方面来说，创意和市场也在测试你。因此，当你在收集创意市场渴求

结 语
失败是野兽，成功也会是

度方面的市场数据时，也请关注自己是否享受这个过程。经营一家以你的创意为基础的企业或许在空想之地中听起来还挺不错，但正如达雷尔和很多雄心壮志的餐馆老板们所经历的，现实往往大有不同。

总之，切记：**确保你的创意不仅适合市场，也适合你自己。**

确保它是世界的"正确的它"

我把这一小节留到了最后，不是因为我当它是事后随想、后记之类不太重要的内容。相反，我把它留到最后来介绍是因为我认为它极为重要。

到目前为止，我与你分享的所有内容都是事实的、实用的、具有逻辑性的，包括工具、技术、战术、指标、市场、金钱，以及测试、尝试和调整。是时候提升一些交流层次了，我想要确认的是你现在是否已经拥有了能够帮助你成功的工具和知识，并以更强的信心地去追求更大、更好、更有价值的创意。然而，并不是每个创意都值得你去付出，就算这个创意从技术角度看来属于"正确的它"也一样。

远离误入歧途的创意

如果我们仅根据市场需求（即很多人想要、需要、愿意购买你的产品)和市场成功(即高利润的价值百万美元的行业)来定义"正确的它",那么一系列很容易让人成瘾的产品都会符合这种条件,然而这些绝无可能会是"正确的它"。

那么,我们应该在哪里划清界限来判断一个创意是不是错误的"正确的它",即能够在市场上成功但对相关人员产生的伤害却多过好处?这个问题很难回答。我的那套判断标准显然是非常主观又有些偏颇的,因而我的建议是:综合考虑你自己的价值观、当地法律和习俗,并以此作为指导。

有了本书所论述的这些工具和知识,你就拥有了探索和检验大量创意的方法,因此也就没有理由去掺和那些会给你和他人带来麻烦的产品与业务。

超越快钱创意去思考

有些新产品创意或许并不违反任何法律或习俗,也没有品行不端或不道德,但它们也不是你投资自己的知识、时间和精力的最佳方向。这种创意不会让世界变得更糟糕,但也不会让世界变得更美好,总之,它们不会带来任何变化。我们可以称之为花哨型产品,人们会因为一时冲动而购买,但却会在用过一两次之后将其抛弃或遗忘。

例如,就在第一代iPhone手机发布后不久,市面上铺天

结 语
失败是野兽,成功也会是

盖地地出现了各种奇怪的 0.99 美元的应用,如模拟订书机、虚拟打火机等。我自己在 2008 年也购买了一个类似的应用。从本质上来说,追求"快钱型"创意并没有错,尤其是你在职业生涯初期比如需要偿还学生贷款时;或是在急需现金的时候,比如要买一辆特斯拉汽车。但假设你有编程能力,可以开发一款移动手机应用,你真的愿意把这种能力用于为智能手机开发一些毫无用处且无厘头的软件吗?

超越商业领域去思考

本书中的大多数案例都是以商业创意为基础的,但书中所提到的所有理念和工具都能够且应该用于其他领域,如慈善机构、医院、学校等非营利性组织,甚至包括政府,它们也都跟商业企业一样受制于市场失败律。社会企业家用来衡量自身成功的是金钱之外的其他指标,例如,可以使用清洁水源的人口百分比、疟疾致死人数的减少等,但他们仍然需要应对极有可能出现的新创意或新方式无法如预想般发挥效用的情况。实际上,对于很多全球最严重问题(如饥荒、可预防的疾病以及各种形式的暴力)来说,我们仍旧在拼命地寻找"正确的它"解决方案。失败之兽不会因为你是在做公益事业就对你网开一面,但我们的工具和战术可以帮助你打好这场仗并最终赢得胜利。

寻求正确的"正确的它"

如果你知道自己一定会成功的话,你会构建什么?你会创建什么样的产品、服务、书籍或公司?

这个世界中充斥着等待解决的重大难题和等待胜者的重大机遇。我希望你在读完本书之后不仅能够收获知识,还能够获得让你变得志存高远的信心和勇气,进而为世界打造出有持久价值的、能让世界变得更美好的、更值得你投入的东西。

找到一个"正确的它"创意,将它构建正确并取得市场成功,继而从中获取经济回报,这会让你感觉良好。然而,找到一个对你格外有意义且对世界格外有益处的创意并做到上述一切,则会让你感到不可思议。

此外,你还会发现,如果一个创意对你而言格外有意义,对世界也格外有益处,那么你的成功概率将会有极大的提升。原因主要包括以下两个方面:

- 其一,如果你真的关心你要解决的问题以及你所服务的市场,那么在碰到第一个、第二个以及后续的各种阻碍时,你放弃这个创意的可能性都更低,你将会找到继续前行和克服任何你所遇到挑战的动力和能量。

- 其二，如果你的产品对世界有益处、有价值，你不仅会遭遇更少的抵制，还会发现途中不断有各种意想不到的人或组织涌现出来帮助你、为你加油助威，因为他们想要看到你和你的创意取得成功。

因此，别只是随便接受一个创意。你要去寻找一个正确的"正确的它"，一个不仅能取得市场成功，也能够对你有意义、对世界有益处的创意。然后你要公正地对待它，并最终将它构建正确。

> 野兽还在那里。
> 仍在等待。仍然饥饿。
> 没有改变，也不会改变。
> 准备着战斗……
> 而我也如此。

THE RIGHT IT
致谢

首先，我要感谢斯坦福大学教授缇娜·西莉格。这么多年来，缇娜不仅一直是我工作的出色支持者和拥护者，她还一直在鼓励、督促我停止找借口，坐下来写完本书。在我不断拖延的过程中，缇娜却已经写完并出版了两本著作，且第三本已经动笔，这一事实也为我提供了前进所需的动力。如果没有缇娜的激励，这本书仍将是我个人空想之地里的私藏。非常感谢你，你真是太棒了！

接下来，我要感谢 HarperOne 出版社的 Gideon Weil 为我审阅初始书稿提案，他还指出本书的确有一些独特又值得分享的内容。

我与 Gideon 和整个 HarperOne 团队的合作非常愉快，他们是 Laina Adler、Judith Curr、Kim Dayman、Mary Duke、Adrian Morgan、Ann Moru、Courtney Nobile、Sydney Rogers、Lisa Zuniga 以及设计师 Terry McGrath。我很荣幸能够请到 Levine Greenberg Rostan 公司负责我的版权代理，感谢 Jim Levine，你真的非常睿智且经验丰富。

衷心感谢我亲爱的朋友纳塔利娅·潘菲利（Natalie Panfili），感谢你为本书初稿所做的宝贵修改、反馈和建议。即使是在终点看似遥不可及的艰难时刻，知道可以依靠纳塔利娅为我评审本书的半成品，我就有了继续前进的动力和信心。如果说写书是一场马拉松，纳塔利娅就是一直陪伴在我身旁并确保我能够跑到终点的挚友。纳塔利娅，我们做到了！

我还要感谢那些以不同方式帮助我开发、完善和分享本书所涵盖材料的朋友。

"正确的它"和预型的初始理念与工具集最开始是在谷歌开发和完成测试的，有数百名谷歌团队的成员参与。埃里克·施密特（Eric Schmidt）和韦恩·罗辛（Wayne Rosing）不仅在太阳微系统公司的时候聘用和指导了作为年轻工程师的我，后来他们又雇用我担任谷歌的首位工程总监，给了我毕生的荣誉和机会。Urs Hölzle，感谢你的睿智指导和支持。Patrick Copeland 在我开始试验"预型方法那玩意儿"的时候就卡了壳，不知道该如何管理我，此后他一直是我伟大的布道师和支持者。感谢"释放创新者"初始"预型"团队，他们是 Bob Evans、C. P. Lim、Stephen Uhler 和 Deanna Chen。感谢 Cecelia Wogan-Silva 把我的工作成果带出了谷歌、带出了硅谷。感谢谷歌首席创新布道师和斯坦福大学设计学院兼职教授 Frederik G. Pferdt。最后，我要特别感谢谷歌那不可思议的高管峰会团队，感谢你们让我拥有跟世界上最大最有影响力的公司们分享"正确的它"和预型方法的机会，Brandi Andrews Mihailovski、Alaina Beeman、Christina Carroll、Alan Eagle、Mike Emling、Matthew Hubbard、Kristie Lane、Michele Maiorino Kelly、Jessica Michaelis、Theresa O'Connell、Ivonne Tamariz、Kristin Villanueva、Jessica Webb，谢谢你们！

斯坦福大学商学院教授 Baba Shiv 是第一个邀请我在斯坦福大学讲授预型方法课程的人，对此我致以深深的谢意。谢谢你，Grazie！自 2011 年的第一次讲课以来，我很高兴也很荣幸能够有机会以讲座、课程和工作坊的形式，为数百名斯坦福大学的学生和来访高管讲授、辅导和分享预型方法。除了 Shiv 和缇娜之外，我还想要感谢斯坦福大学以下教职工这么多年来为我提供的教学机会和支持：Tania Abedian、Tom Byers、Leticia Britos Cavagnaro、Chuck Eesley、Mark Grundberg、Matt Harvey、Rachel Julkowski、

Riitta Katila、Harjoth Khara、Tom Kosnik、Michael Pe.a、Navdeep Sahni、Ana.s Saint-Jude、Nikkie Salgado、Eli Shell、Ryan Shiba、Danielle Steussy。

有这样一句谚语"教就是学",这在我写作本书以及进行相关教学与交流的过程中一次又一次地得到证实。我想不到有哪一个预型项目、工作坊、课堂或交流,我没有从中学到新东西或是找到改进现有材料的新方法。因此,我要为我的所有学生献上诚挚的感谢。

2011 年,我花了一个星期的时间撰写和采编 *Pretotype It* 这本小册子,它也是本书的预型,我以免费电子文档的形式发布了出去。我不知道具体有多少人读过那本小册子,因为这么多年来,人们把它共享在了很多网站上,志愿者们把它翻译成了十多种不同的语言。我还收到了来自世界各地喜欢那本小册子的人们发来的电子邮件,他们敦促我将小册子中的内容写成一本书并多介绍一些工具和案例,这让我有了写作本书的数据支撑和动力。谢谢你们所有人!

我以前的一些学生、同事和读者不只是对我的作品感兴趣,还努力实践并成了预型工具和技术的大师级实践者、布道师和老师。多亏了他们,这些理念如今已经在很多我从未接触过的国家和组织里得到了讲授、完善和实践。一些极为宝贵的预型方法合作伙伴值得特别提及,包括美国的 Jeremy

Clark、Patrick Copeland、Rich Cox、Eric Alessandrini、Michael Thomas，欧洲的 Leonardo Zangrando、Tim Vang、Dan Cobley、Elalami Lafkih，以及澳大利亚和亚洲的 Leslie Barry。

最后，衷心感谢我的家人和朋友。没有"正确的"妻子、"正确的"女儿、"正确的"儿子、"正确的"父母和"正确的"朋友们的鼓励和支持，我不可能完成本书。

未来，属于终身学习者

我这辈子遇到的聪明人（来自各行各业的聪明人）没有不每天阅读的——没有，一个都没有。巴菲特读书之多，我读书之多，可能会让你感到吃惊。孩子们都笑话我。他们觉得我是一本长了两条腿的书。

———查理·芒格

互联网改变了信息连接的方式；指数型技术在迅速颠覆着现有的商业世界；人工智能已经开始抢占人类的工作岗位……

未来，到底需要什么样的人才？

改变命运唯一的策略是你要变成终身学习者。未来世界将不再需要单一的技能型人才，而是需要具备完善的知识结构、极强逻辑思考力和高感知力的复合型人才。优秀的人往往通过阅读建立足够强大的抽象思维能力，获得异于众人的思考和整合能力。未来，将属于终身学习者！而阅读必定和终身学习形影不离。

很多人读书，追求的是干货，寻求的是立刻行之有效的解决方案。其实这是一种留在舒适区的阅读方法。在这个充满不确定性的年代，答案不会简单地出现在书里，因为生活根本就没有标准确切的答案，你也不能期望过去的经验能解决未来的问题。

而真正的阅读，应该在书中与智者同行思考，借他们的视角看到世界的多元性，提出比答案更重要的好问题，在不确定的时代中领先起跑。

湛庐阅读App：与最聪明的人共同进化

有人常常把成本支出的焦点放在书价上，把读完一本书当作阅读的终结。其实不然。

时间是读者付出的最大阅读成本

怎么读是读者面临的最大阅读障碍

"读书破万卷"不仅仅在"万"，更重要的是在"破"！

现在，我们构建了全新的"湛庐阅读"App。它将成为你"破万卷"的新居所。在这里：

● 不用考虑读什么，你可以便捷找到纸书、电子书、有声书和各种声音产品；

● 你可以学会怎么读，你将发现集泛读、通读、精读于一体的阅读解决方案；

● 你会与作者、译者、专家、推荐人和阅读教练相遇，他们是优质思想的发源地；

● 你会与优秀的读者和终身学习者为伍，他们对阅读和学习有着持久的热情和源源不绝的内驱力。

从单一到复合，从知道到精通，从理解到创造，湛庐希望建立一个"与最聪明的人共同进化"的社区，成为人类先进思想交汇的聚集地，与你共同迎接未来。

与此同时，我们希望能够重新定义你的学习场景，让你随时随地收获有内容、有价值的思想，通过阅读实现终身学习。这是我们的使命和价值。

本书阅读资料包
给你便捷、高效、全面的阅读体验

本书参考资料
湛庐独家策划

- ☑ **参考文献**
  为了环保、节约纸张,部分图书的参考文献以电子版方式提供

- ☑ **主题书单**
  编辑精心推荐的延伸阅读书单,助你开启主题式阅读

- ☑ **图片资料**
  提供部分图片的高清彩色原版大图,方便保存和分享

相关阅读服务
终身学习者必备

- ☑ **电子书**
  便捷、高效,方便检索,易于携带,随时更新

- ☑ **有声书**
  保护视力,随时随地,有温度、有情感地听本书

- ☑ **精读班**
  2~4周,最懂这本书的人带你读完、读懂、读透这本好书

- ☑ **课　程**
  课程权威专家给你开书单,带你快速浏览一个领域的知识概貌

- ☑ **讲　书**
  30分钟,大咖给你讲本书,让你挑书不费劲

湛庐编辑为你独家呈现
助你更好获得书里和书外的思想和智慧,请扫码查收!

(阅读资料包的内容因书而异,最终以湛庐阅读App页面为准)